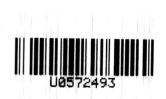

惠澤千載 光耀後世

晋城国保丛览

市直城区卷

晋城市人大常委会 晋城市文化和旅游局 编

文物出版社

图书在版编目（CIP）数据

惠泽千载　光耀后世：晋城国保丛览．市直城区卷 / 晋城市人大常委会，晋城市文化和旅游局编．-- 北京：文物出版社，2025.6.--ISBN 978-7-5010-8496-8

Ⅰ. K872.25

中国国家版本馆 CIP 数据核字第 2024G8K520 号

惠泽千载　光耀后世——晋城国保丛览·市直城区卷

HUI ZE QIANZAI　GUANG YAO HOUSHI —— JINCHENG GUOBAO CONGLAN · SHIZHICHENGQU JUAN

编　　者：晋城市人大常委会　晋城市文化和旅游局

责任编辑：王　媛
责任印制：张　丽
装帧设计：王　露

出版发行：文物出版社
社　　址：北京市东城区东直门内北小街 2 号楼
网　　址：http://www.wenwu.com
邮　　箱：wenwu1957@126.com
经　　销：新华书店
印　　刷：上海雅昌艺术印刷有限公司
开　　本：889mm×1194mm　1/16
印　　张：11.5
版　　次：2025 年 6 月第 1 版
印　　次：2025 年 6 月第 1 次印刷
书　　号：ISBN 978-7-5010-8496-8
定　　价：1600.00 元（全七册）

惠泽千载　光耀后世——晋城国保丛览·市直城区卷

编委会

前 言

在夏季夜空中，最醒目的星象是“夏季大三角”。青莲寺、府城玉皇庙、怀覃会馆如牛郎星、织女星、天津四一样，呈三角形分布，仿若晋城国保中的“夏季大三角”。

青莲寺位于“大三角”的右下端，以唐代彩塑闻名于世，是晋城国保中最负盛名的一处。青莲寺始建于北齐天保年间（550—559），现存上、下两院。下院北殿保存有唐代彩塑6尊，而我国现存的唐代寺观彩塑总计仅有3处70余尊。这组彩塑包括弥勒、文殊、普贤、迦叶、阿难和供养菩萨造像各一尊，造型健美、体态丰盈，面相饱满圆润，衣饰贴体柔丽，散发着雍容、华贵的大唐风韵。此外，寺内还保存有唐宝历元年（825）《硖石寺大隋慧远法师遗迹记》石碑、唐乾宁二年（895）慧峰石塔等唐代遗珍。

府城玉皇庙位于“大三角”的上端，以所存元代二十八宿彩塑最负盛名。庙内现存宋、元、明、清彩塑300余尊，用泥土与色彩艺术性地呈现出一个丰富多彩的道教神话世界。玉皇殿有宋代彩塑51尊，其侍女像与晋祠侍女像相比毫不逊色。而元代二十八宿彩塑更是被誉为“世界绝版，海内孤品”。走进二十八宿殿，仿佛一下子走进了一座古代天文艺术馆。雕塑者以天才的手法创造性地赋予天文学中的二十八星宿人的形象，或是女人，温和柔美；或是男人，器宇轩昂；老人的睿智慈祥，衬托出武士的威猛刚烈。他们是那么鲜活，以致七百年后的今天，我们依然能够感受到凝固的姿态背后的喜怒哀乐。

怀覃会馆位于“大三角”左下端，是山西省国保单位中唯一的会馆建筑。怀覃会馆始建于清乾隆五十七年（1792），曾先后为南关面行、南关油行、河南布行等行会占用，是万里茶道泽州段重要的历史遗迹。会馆内现存有清代石刻《南关面行条规》，内容涉及行会组织形式、“行费”收取原则、祭祀注意事项、“会产”管理等内容，是研究会馆商贸业态的重要资料。清至民国时期，走万里茶道的客商由碗子城进入山西，沿着太行陉古道北上过拦车、天井关、茶元，至泽州城南关，都要在怀覃会馆附近住店歇脚。这里是万里茶道泽州段最繁荣的一处商贸区。怀覃会馆见证了万里茶道百余年的繁荣与衰落。

青莲寺、府城玉皇庙、怀覃会馆各具特点，熠熠生辉，将晋城国保的风华展现得淋漓尽致。

编委会

二〇二五年六月

目录

01 青莲寺 / 001

02 玉皇庙 / 083

03 怀覃会馆 / 145

参考文献 / 174

晋城市全国重点文物保护单位基本信息统计表（市直城区）

编号	名称	时代	地址	国保批次	公布文号	公布时间
1	青莲寺	唐至清	泽州县金村镇寺南庄村	第三批	国发〔1988〕5号	1988.01.13
2	玉皇庙	北宋至清	泽州县金村镇府城村			
3	怀覃会馆	明至清	城区南街街道驿后社区东巷309号	第八批	国发〔2019〕22号	2019.10.07

01 青莲寺

青莲寺外景

青莲寺 / QINGLIAN SI

一、遗产概况

青莲寺初名硖石寺，位于晋城市城区东南17公里的泽州县金村镇硖石山南麓，始建于北齐天保年间（550—559），由上、下两院组成（即上寺和下寺），规模较大，布局完整。后经历代修葺、扩建、重建，形成今天的建筑规模。其中上院占地面积约1.6万平方米，下院占地面积约4000平方米，总占地面积约2万平方米，建筑面积3090平方米。

01 青莲寺上寺

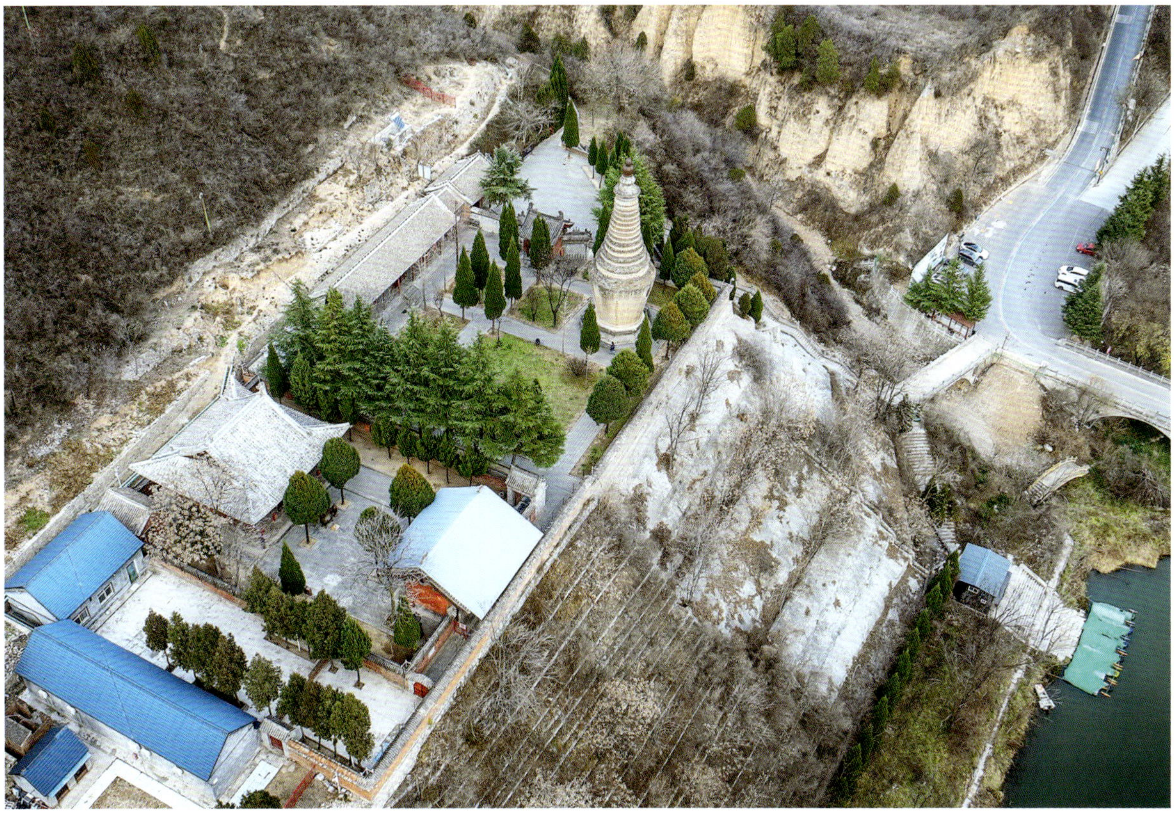

02 青莲寺下寺

青莲寺下寺位于丹河北岸的硖石山腰，上寺则建于下寺北偏东 500 米的硖石山坳。青莲寺下临丹河，东眺浮山，南望珏山，群山环抱、树木葱郁，是典型的中国北方建筑。1988 年 1 月 13 日，青莲寺被国务院公布为第三批全国重点文物保护单位（国发〔1988〕5 号）。

青莲寺作为我国佛教净土宗最早的寺院之一，在唐、宋两代均有敕封，其“青莲寺”一名为唐咸通八年（867）敕封，“福严禅院”一名为北宋太平兴国三年（978）敕封。青莲寺历来重视涅槃、地论、净土等法门。历代寺僧重视文教，慧远注《涅槃经》、智通注《六波罗蜜疏》，故青莲寺与嵩山少林寺被称为“文青莲，武少林”，是中国佛教文脉的代表寺院。

二、建筑特点

青莲寺整体建筑依山势而立，遵从一定法度，展现了中国古代建筑布局天人合一的思想。从时代角度讲，青莲寺建筑承唐宋风气，保存宋、金、元、明、清等历代建筑构架，无论年代之久远还是传承之有绪，都体现了极高的历史价值。从艺术角度讲，青莲寺建筑造型优美，具有中国传统审美特点。尤其是上寺的释迦殿，其建筑为宋代原构，出檐深远、举折平缓，形式上极具美感，十分古朴庄重；建筑配饰细致精美，琉璃脊饰、檐下斗栱角神、栱眼彩绘、砖雕等都具有一定的审美价值。从技术角度讲，青莲寺建筑木构架的营造繁密复杂，体现了不同时代的建筑技术，是研究古代建筑营造技术的珍贵资料。

03　青莲寺上寺雪景

（一）上寺

青莲寺上寺共有五座院落。主轴线上有三进院落，东部高台上有楼阁，西部有偏院，西北崖上有三佛殿。建筑随山就势，总体布局严谨，轴线分明，现存殿宇为唐大和二年（828）始建。其中天王殿海拔 800 米、三佛殿海拔 816 米，整体由南向北平缓上升。

建筑群主轴线上的三进院落，一进院中轴线建筑为山门（天王殿）、藏经阁，两侧分别是东西掖门、钟楼、鼓楼以及东厢房（知客室）；二进院中轴线建筑为释迦殿，两侧分布罗汉堂（观音阁）、东厢房（僧舍、方丈室）、地藏阁、西厢房；三进院中轴线建筑为大雄宝殿，东西配殿位于两侧。上寺中轴线西侧有一进偏院，建有斋堂、祖师堂，偏院北侧半山腰建有三佛殿；中轴线东侧山上自南向北有款月亭、赏月阁、大钟楼、文昌阁（龙王殿）。上寺通往乳窦泉的路上还有头道山门和二道山门（观音阁）。

04 天王殿

05 天王殿背立面

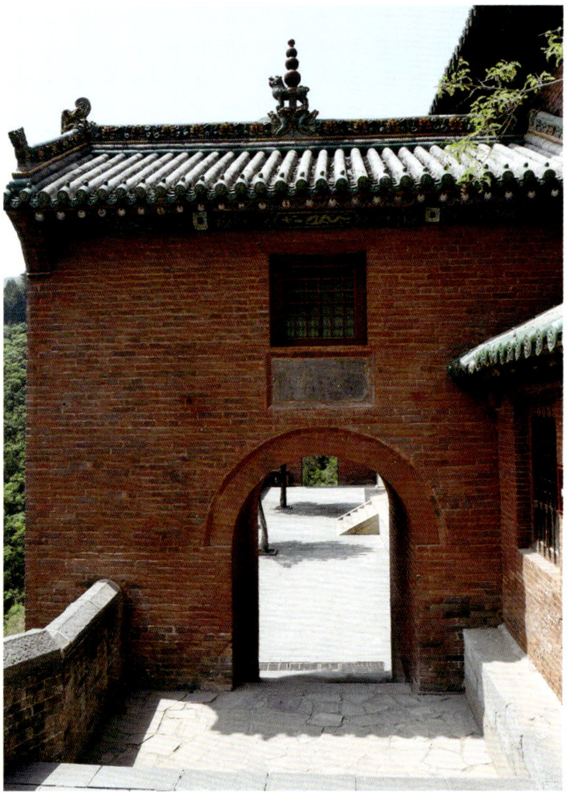

06 东掖阁

07 西掖阁

藏经阁是青莲寺上寺一进院中轴线上的主要建筑之一，海拔约 800 米，始建于唐大和七年（833），北宋元祐四年（1089）、元至元二年（1336）重修，1950 年、2004 年揭瓦维修。藏经阁有上、下两层，一层面阔五间，两梢间作实心砖墙；二层面阔五间，进深四椽，屋顶单檐厦两头造。台基高 1.68 米，占地面积 133 平方米。

08 上寺藏经阁

09　上寺藏经阁背立面

10　上寺钟楼

二进院中轴线上的建筑为释迦殿，海拔约803米，是为供奉佛祖释迦牟尼而建的殿宇，殿内主体塑像为一佛二菩萨二弟子及千手观音组塑。释迦殿始建于北宋熙宁九年（1076），至崇宁元年（1102）全部工程告竣，清嘉庆十三年（1808）重修，2004年揭瓦维修。整体布局面阔三间，进深三间，屋顶单檐歇山顶。

11　上寺释迦殿

12 上寺罗汉堂

13 上寺地藏阁

14　上寺西厢房

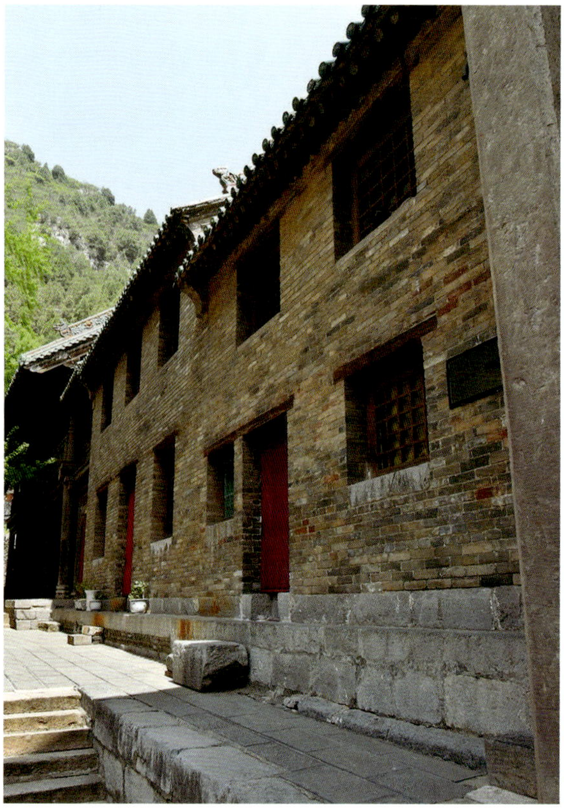
15　上寺方丈室及僧舍

16　上寺知客堂

17　上寺罗汉堂木构件

18　上寺释迦殿斗栱

大雄宝殿是上寺的重要建筑之一，是供奉佛陀的殿宇，位于三进院的中轴线上，海拔约 805 米，为单檐歇山顶建筑。原建筑毁于清末民国时期，1998 年复建。2003 年对屋面进行维修，补配了琉璃屋脊和琉璃剪边，总体上保持了宋代建筑风格。

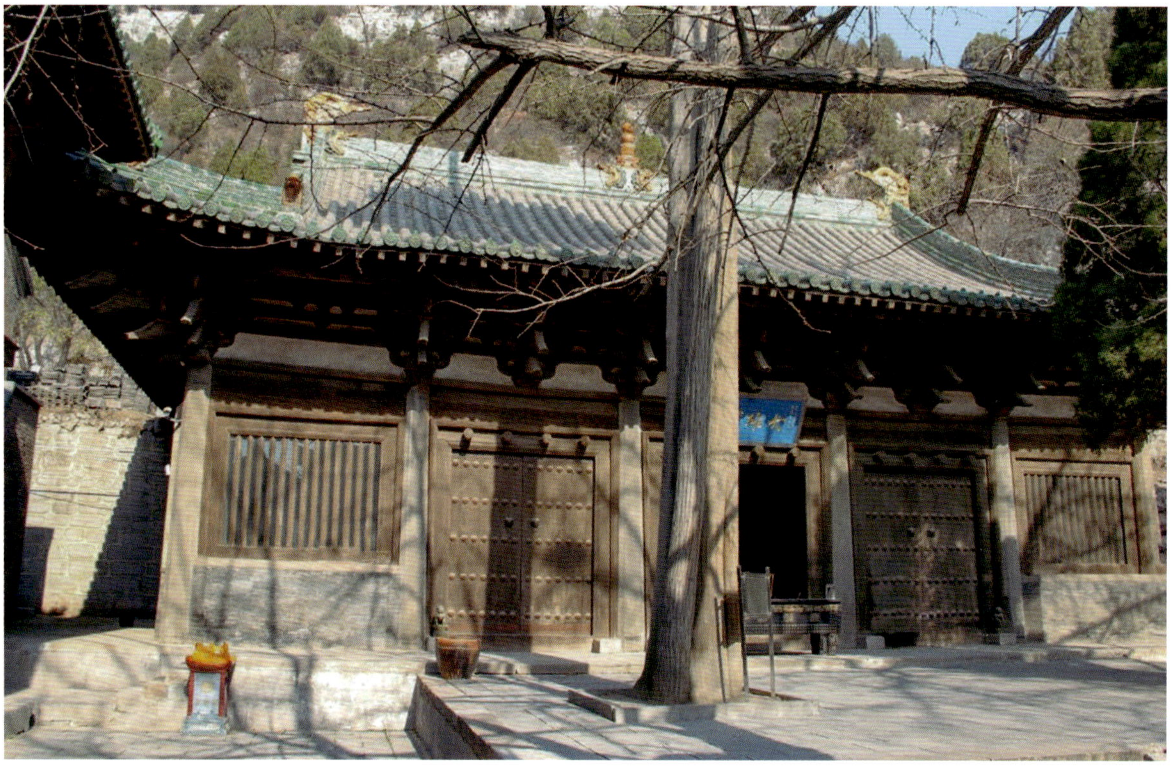

19　上寺大雄宝殿

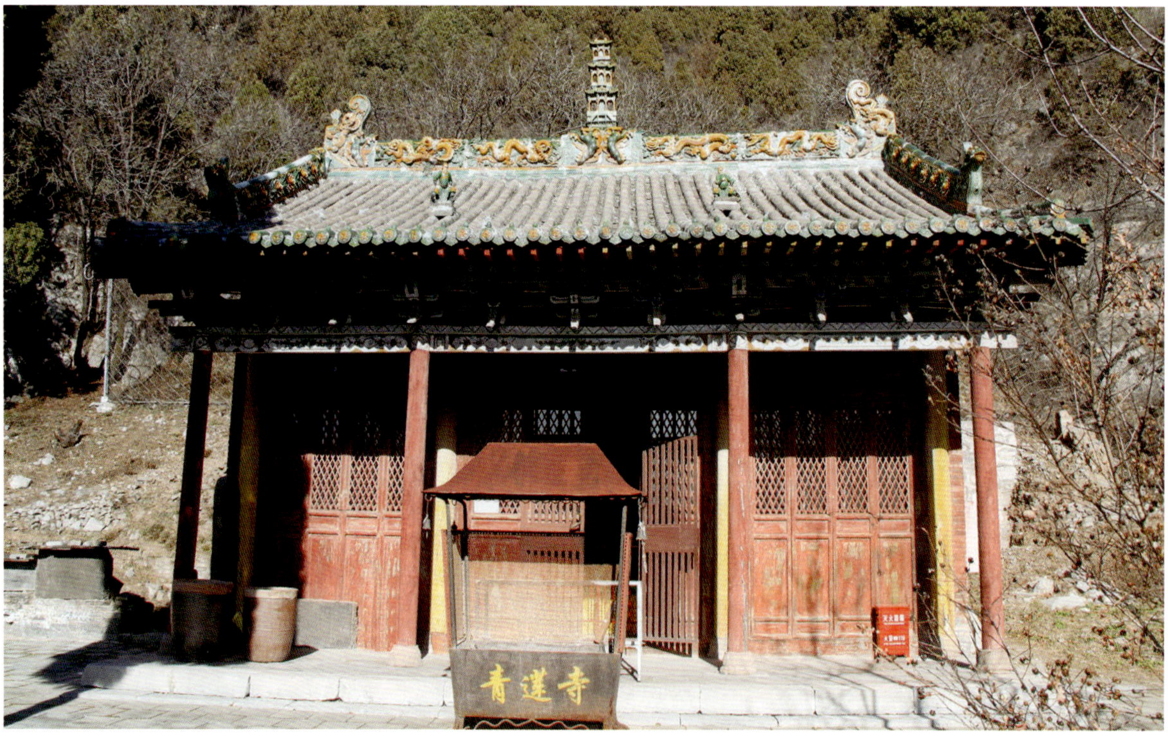

20　上寺三佛殿

21　上寺款月亭

22　上寺龙王殿

23 下寺山门

24 下寺舍利塔

（二）下寺

青莲寺下寺是较上寺来说的一个相对地理概念，以上寺天王殿和下寺山门入口处为基准，则上寺海拔约800米，下寺海拔约770米，二者相对高差约30米。

下寺建于上寺西南方向山脚下的丹河北岸，山门位于东侧，由东向西分为外院和内院二进院落。其东西约80米、南北约50米，占地面积约4000平方米。外院一进山门是一座明万历二十四年（1596）建造的舍利塔，经过山门西南行过院门即到内院，内院沿南北方向建有释迦殿和弥勒殿。此外，下寺围墙外西侧有从塔林（已被冲毁）迁来的唐乾宁二年（895）慧峰禅师塔一座。

下寺建筑除舍利塔和慧峰禅师塔，其余皆为 20 世纪 90 年代复建。

舍利塔是下寺的重要建筑之一，为安置佛陀舍利或一般遗骨的宝塔，又称舍利浮屠、骨塔。其位于下寺外院的东南侧，海拔约 771 米，为明万历二十四年建造，藏传佛教喇嘛塔式样。每年夏至，即 6 月 21 日或 22 日，由于太阳到达黄经 90 度，几乎直射北回归线，正午时分阳光呈直射状，该塔会出现短暂的无影现象，故又被称为“无影塔”。

25　下寺北殿（弥勒殿）

26　下寺南殿（释迦殿）

27 慧峰塔

慧峰塔也称慧峰禅师塔、慧峰和尚塔，勒石于唐乾宁二年（895）。该塔位于下寺外院西侧约71米处，海拔约772米。据《晋城金石志》载：“原在寺西边石崖下的台地上。1986年因避丹河泛滥，迁建于寺西。塔基座呈圆形，上下层各雕宝装莲花，中间石面雕人形鸟。基座之下，有八角形须弥座。塔身平面呈八角形，每角作束莲柱，普拍枋下雕垂幛纹。前开方门。后刻《心经》及《塔记》。”塔身平面呈八角形，单层亭阁式，通体实心，总高4.83米。下设高1.69米的须弥座。

28 慧峰塔细部

（三）彩塑壁画

除了上寺藏经阁转角斗栱处的负重角神和下寺明代舍利塔内的彩塑，青莲寺现存唐代彩塑 6 尊、宋代彩塑 52 尊、明代彩塑 8 尊。从分布位置看，上、下寺皆有，上寺存于地藏阁、释迦殿、罗汉堂、三佛殿，下寺存于弥勒殿、释迦殿。

29　舍利塔内彩塑

30　舍利塔内彩塑

31　舍利塔内彩塑

唐代彩塑分布于下寺弥勒殿。殿内坛后中央塑弥勒坐像，像高 5.02 米。头梳螺髻，曲眉大耳，双目下视，面相端庄，神情慈祥。肩披大巾，袒胸露臂，腰围羊肠大裙，服饰柔软贴体，衣纹线条圆润流畅。坐于须弥座上，左手置于膝上，右手结说法印，双腿自然下垂，双足踏于莲台上，故又被称为“垂腿弥勒佛”。阿难、迦叶二弟子立于弥勒两侧，阿难居右，迦叶居左，像高 2.26 米。阿难少年持重，恭谦微谨；迦叶饱经沧桑，虔心佛门。佛坛中部本为两尊对称的供养菩萨像，现仅存右侧的一尊。菩萨形体较小，单膝跪地，神情虔诚。

宋代彩塑主要分布于上寺的释迦殿、地藏阁、罗汉堂和下寺的释迦殿。

上寺释迦殿现存宋代塑像 10 尊，包括一佛二菩萨二弟子及千手观音组塑等。佛祖释迦牟尼居于佛坛中，像高 3.93 米。头梳螺髻，大耳丰盈，面相方圆。身着袈裟。结跏趺坐于莲台上，手结拈花印。莲台下砌须弥座，座呈长方形，束腰四角塑四个负重力士，极为形象。释迦牟尼佛左右原有阿难、迦叶二弟子恭立，阿难居右，迦叶居左，今迦叶塑像无存。阿难体态健美，神态恭虔。再外侧有文殊、普贤二菩萨相对而坐，文殊居左，普贤居右，像高约 3.4 米。菩萨头戴花冠，面相丰圆，眉目清晰。均一足盘曲、一足垂下，半跏趺坐，身体前倾。普贤菩萨莲台须弥座束腰处塑一六牙白象。主佛背光为宽 4.09 米、高 3.59 米的壁画，背光后壁为千手观音塑像。观音居中，仪态端庄，结跏趺坐，手势千变万化。背景壁塑山水祥云及较小的佛教人物。

32　下寺弥勒殿彩塑

33　上寺释迦殿彩塑

34　上寺释迦殿千手观音组塑

上寺释迦殿前东侧配殿为罗汉堂，又称观音阁（安置观世音菩萨像之阁楼），塑有观音菩萨、小龙女、善财童子及十六罗汉。殿内彩塑沿正面墙（东墙）及两侧墙（南、北墙）分布，座台与墙体等长。正面（东墙）塑像 9 尊，两侧（南、北墙）各 5 尊，共计 19 尊，都是宋代遗物。观音菩萨坐像居正中，像高 1.7 米。面相圆润饱满，神情娴静慈

35　上寺释迦殿侧面彩塑

37　上寺释迦殿正面彩塑

祥，以花冠、璎珞为饰，左足垂于台下莲踏上。观音菩萨左右有善财童子和小龙女胁侍，体形较主像明显较小，主次分明。罗汉像高约1.4米，体态不同，或丰盈，或消瘦；神情各异，或慈，或威。此组彩塑神形兼备，极富写实风格。

上寺释迦殿侧面彩塑

38　上寺地藏阁彩塑

39　上寺地藏阁彩塑

40　上寺地藏阁彩塑

41　上寺地藏阁彩塑

明代塑像分布在上寺的三佛殿和下寺的释迦殿。上寺三佛殿位于西偏院西北角的高坡上，坐北面南，地势较高，原为明代建筑，现代重修。该殿有塑像 7 尊，均塑在靠北墙的石台上，据“四有”档案记载为明代塑像。从左至右，主佛为东方净琉璃世界的药师佛、中央娑婆世界的释迦牟尼佛及西方极乐世界的阿弥陀佛，称为横世三佛。另有四尊塑像间隔立于三尊佛像两侧，其中二胁侍菩萨立于释迦牟尼佛两侧，供养人一男一女位于最外侧。下寺释迦殿的明代塑像原存于北侧的弥勒殿。在修复弥勒殿唐代彩塑时，专家发现弥勒佛右前侧的一尊佛护法神韦驮菩萨为明代彩塑风格，与整体唐代彩塑风格不符，故将其搬移到释迦殿收藏展示。

青莲寺的彩绘泥塑，尤其是下寺弥勒殿的唐代塑像，其气势、神态以及考究的雕塑工艺为世人所惊叹，是唐代寺观彩塑的代表作，具有重要的历史和艺术价值。

青莲寺内还保存了大量的壁画，时代主要为北宋和明代，总面积 208.96 平方米，主要分布于上寺的释迦殿、地藏殿、罗汉堂和下寺的释迦殿，具有极高的历史、文化、艺术、宗教及科学价值。

42 上寺三佛殿彩塑

43　下寺释迦殿彩塑

44　下寺释迦殿彩塑

三、价值特色

青莲寺的艺术价值体现在四个方面：①青莲寺自北齐创寺以来即成为泽州的佛教文化中心和自然景观胜地，它三面环山、临河而立，布局与地形有机结合，人文景观与自然风景融合，体现出高度的景观艺术。②青莲寺上寺四座宋代建筑举折平缓、出檐深远，造型古朴稳健，体现出高度的建筑艺术，而且一座寺院内较好地保存了四座宋代建筑，为我国现存文物古迹中所罕见。③青莲寺体现了宋代至清代不同时期的建筑造型艺术，反映了晋东南的地方建筑风格、建筑手法。④青莲寺保存有丰富的壁画、彩绘泥塑、琉璃及碑刻等造型艺术，工艺独特。

青莲寺的科学价值体现在两个方面：①青莲寺的选址符合传统建筑风水学背山面水、左右围护的格局。它位于硖石山腰，坐南面北，东、西、北三面环山，南临丹河且与珏山对景呼应，景色秀丽、幽静。②青莲寺内建筑布局对称，高低错落有致，建筑结构、材料和工艺体现出唐、宋、金、明、清不同时期的工艺水平，记录了近千年来建筑技术不断发展变化的过程。

青莲寺的社会价值主要体现在两个方面：①青莲寺古建筑群是一处保存完整的建筑群，其建筑、塑像、碑刻遗存等为人文学科和自然学科提供了丰富的研究材料。②在晋城市总体规划中，青莲寺被纳入珏山旅游区，是晋城市城郊旅游项目中历史文化特色显著的重要观光场所之一。

总而言之，青莲寺内文物类别众多且极具代表性，富有广泛影响力，具有极高的文物价值和社会价值。

四、文献撷英

（一）创建

下寺弥勒殿内现存唐宝历元年（825）《硖石寺大隋远法师遗迹》碑，碑文载：“硖石岩岩，灵气膺候千载之□不□。详其志，自北齐周隋物接耳。远公之居，以成其道。”另清《泽州府志·寺观》载：“青莲寺，在城东南三十五里硖石山。北齐建，宋赐名福岩院。”

据《山右石刻丛编》，金大定三年（1163）《硖石山福严禅院（钟识）》载：“始自北齐天保年中，昙始禅师创立道场，距大定之岁年将六百。”

这些文献资料中，关于青莲寺的创建时代多为历代文人墨客追述之记。时至今日，要准确断定该寺的创建年代已几乎不大可能，但分析文献资料，还是可以明确其创建的时代区间。

（二）发展

下寺弥勒殿内现存宋景德四年（1007）《泽州硖石山青莲寺新修弥勒殿记》碑，碑文载："当院楼台□坏，佛像倾摧。"说明宋景德四年以前寺内有楼阁式建筑。考寺院现状及有关史料，不难推测唐、宋之时寺内建有山门，但历代水灾致使山门毁坏无存。

《泽州硖石山青莲寺新修弥勒殿记》载："当院小师法义，本地人也。礼先长老为师，依年具戒，常受严慈之训，恒坚□雪之功，遂发良缘，重谋改造。化求乡邑，历寒暑以不辞，□什资缘，值艰难而不退，林木既备，砖瓦俄盈。特卜良辰，命呼郢匠盖造已毕。"碑文之后附诗颂扬修缮之功德："邑众舍财造佛像，当当来世福无量。顾各家保寿定千岁，龙花会里同相值。高都之上郡，丹水伴祇珏。山河之永故，同日之长悬。"这一记载不仅证实了宋景德四年曾重修青莲寺下寺，同时也为确认南殿为弥勒佛殿及殿内现存塑像为宋景德四年遗物提供了有力证据。

上寺现存唐大和七年（833）《城隍信士共结法华经记》碑，记载大和二年（828）有六七位信徒共同募资造弥勒阁一座，证实了上寺建楼阁式建筑的年代。

上寺现存清乾隆丙寅年（1746）李天锡撰《重修硖石青莲寺碑记》，碑文载："余旧尝游其地，见夫殿宇倾圮，佛像剥落，无以为观瞻之光，心窃伤之。不意住持圆林亦同余之心也，因广为募化，重修殿宇，金装佛像。其北殿九间，中塑释迦，左右文殊普贤；南殿九间，前亦佛像，背塑观世音菩萨。东西禅比尼十间，今俱焕然一新。"

上寺现存金大定四年（1164）闻悟撰《硖石山福岩院重修佛殿记》，碑文载："远公掷笔台下筑室栖息，其徒相继兴造，至宋崇宁间得大师鉴峦修新易陋，方见完备。"证明青莲寺上寺的建筑规模于宋崇宁年间基本定型。

唐大和七年（833）释道振撰《城隍信士共结法华记》，是寺内现存碑刻中最早记载青莲寺上寺修建工程的。碑文载："邑都有二十八人，各持念法华经一品。至一二年后，伦散出邑，今时只有六七人，共结其志，供应硖石寺春冬二税差科，兼造上方阁一所，并画法华感应事相及素画弥勒像，……大和二年，上方创造僧院，兼置普贤道场。"根据文中所述"素画弥勒像"，可以断定其"阁"即"弥勒阁"。

释迦殿前东西两侧现存经幢各一座，东侧为唐天祐十八年（921）所建，西侧为唐开成四年（839）所建。两幢均刻《佛顶尊胜陀罗尼经》。其中东侧之幢于经文之后记有："弟子太原军招信都厢虞侯郭存实，以天祐十七年庚辰岁暮春之季，……巡游到寺，复睹名山，瞻眺境奇，发愿于罗汉楼前建立佛顶尊胜陀罗尼经石幢一支……天祐十八年岁在辛巳四月丁巳朔十一日丁卯，太原郡大同军□□□县郭□□建。"证实罗汉楼，即现称观音阁之建筑唐代已有，同时也证明了后唐晋梁之战并未对青莲寺造成破坏。依照中国古建筑总体布局对称性特点，可推断与罗汉楼相对称处原应有一座楼阁式建筑，且其结构、造型、规模与罗汉楼完全相同。

金大定四年（1164）闻悟撰《硖石山福岩院重修佛殿记》又载："宋崇宁间，得大师鉴峦修新易陋，方见完备。"证明鉴峦禅师住持青莲寺时寺院的修建规模非常大，是继该寺创建后的又一次修建高峰期。

寺内现存金泰和六年（1206）杨庭秀撰《大金泽州硖石山福岩禅院记》，据碑文所载，大定初法会频频，法堂已不敷使用，因僧尼、信士不断增加，院住持福裕、惠珍二法师策划将宋代所建的三间法堂（后殿）扩建为五间，至泰和元年（1201），住持沙门宝贤在世赖、寂定二师兄的竭力帮助下实现了先师这一遗愿。工程自泰和元年开始实施，历时 6 年，于泰和六年告竣。该殿后来塌毁，仅存平面遗址及残墙断壁并前檐石柱 6 根。石柱上均刻有"泰和元年十月十八日施（石柱）"题记，是确认后殿扩建工程时间之佐证。该殿于 1994 年复建。

据清康熙元年（1662）《煮茶供饮碑记》载，顺治十五年（1658）曾于罗汉楼下层设茶社以接待四方朝山进香之士。康熙三十八年（1699），众僧、信士捐财，重新彩绘观音及罗汉像；四十七年（1708），重新彩绘地藏殿神像。乾隆十年（1745），住持慧祥长老竭力募化改地藏殿为地藏阁，使之与观音阁协调一致，并金妆地藏菩萨及阎罗诸神像。

寺内现存清乾隆十年（1745）刘滋善撰《改建地藏阁碑记》，碑文载："乙丑岁，有释子慧祥者笃实纯一，群僧推之为本寺长老，实主寺事，顾而忧之欲更新焉。竭力募化，不遗余力措置经营，备极拮据，不徒为补隙塞罅之谋，且为扩拓崇竣之举，念昔之殿犹湫隘也。增之而为阁，昔之神犹卑处也。移而奉之于高敞之阁上，饰以丹青，辉以金碧，不惟榱桷鼎新抑，且神象庄严，计仅半载而庙貌改观。诚盛举哉。"说明当时对地藏殿进行了全新改建，殿内神像保留完好，只作金妆、彩绘而已。

下寺弥勒殿内所存《硖石寺大隋远法师遗迹》碑，不仅于碑文中详细记载了净影慧远的生平事迹，还于碑首线刻唐代寺院全图，是研究唐代寺院平面布局及建筑风格的珍贵资料。

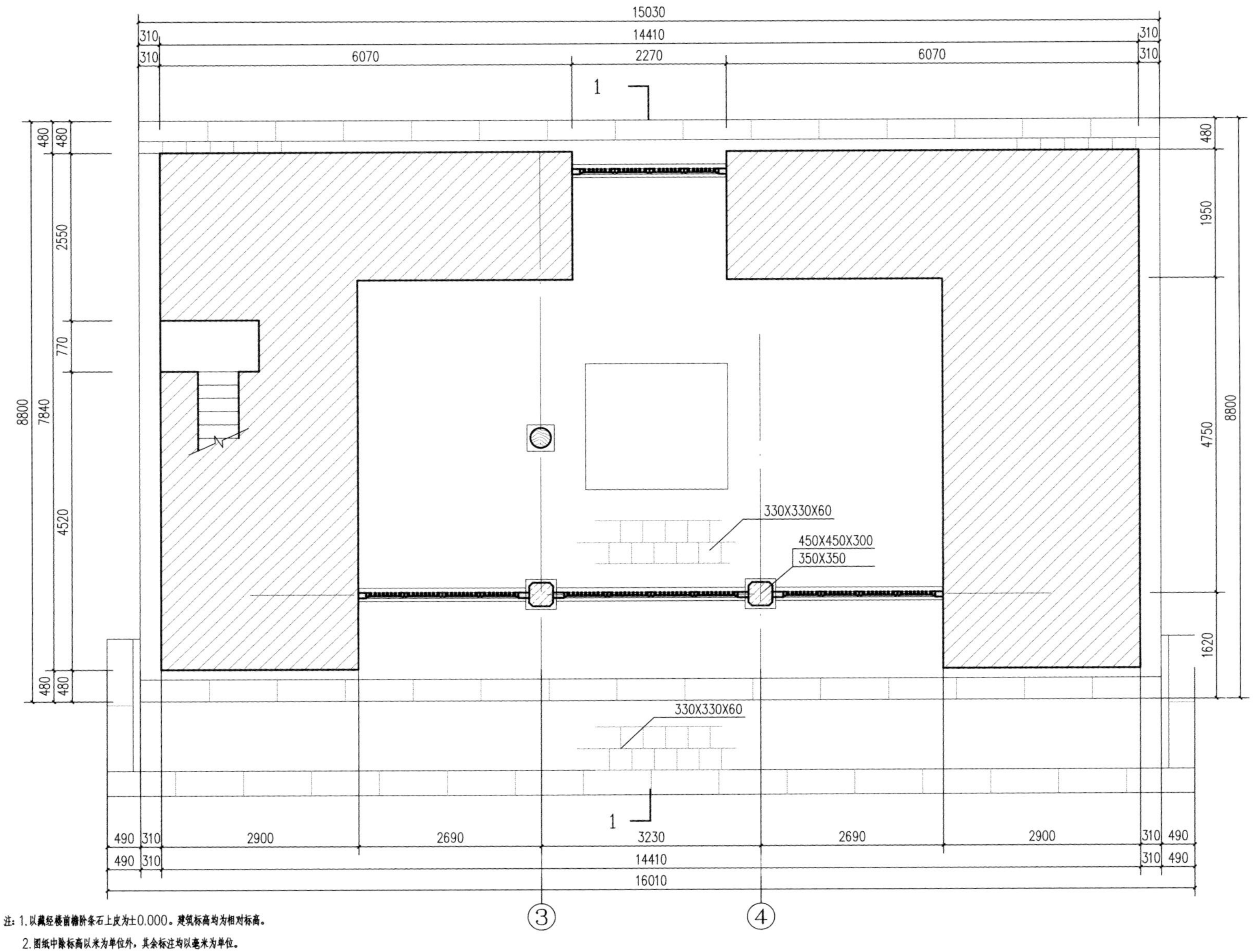

注：1.以藏经楼前檐阶条石上皮为±0.000。建筑标高均为相对标高。

2.图纸中除标高以米为单位外，其余标注均以毫米为单位。

45　藏经楼一层平面图资料

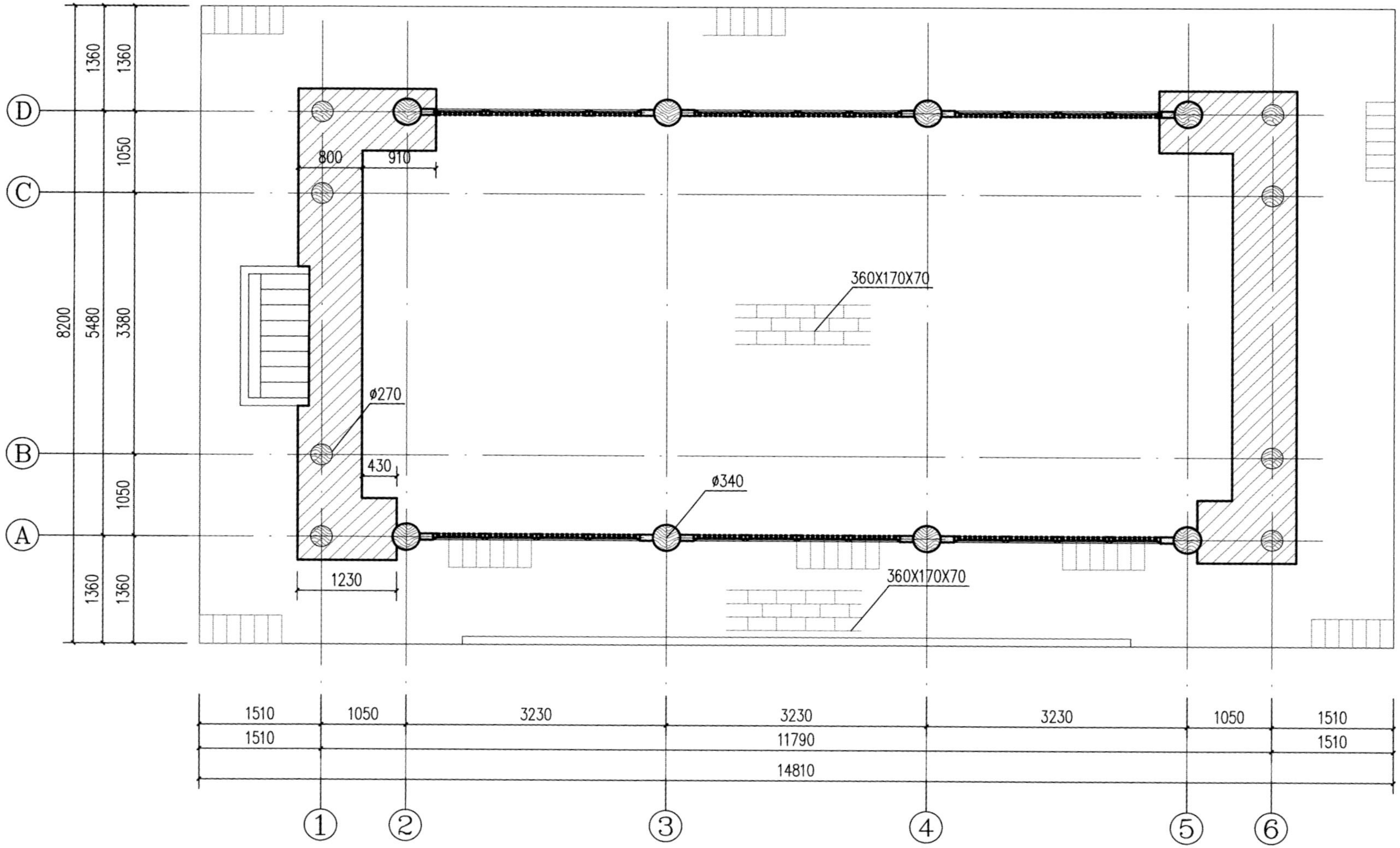

注：1.以藏经楼前檐阶条石上皮为±0.000。建筑标高均为相对标高。

2.图纸中除标高以米为单位外，其余标注均以毫米为单位。

46 藏经楼二层平面图资料

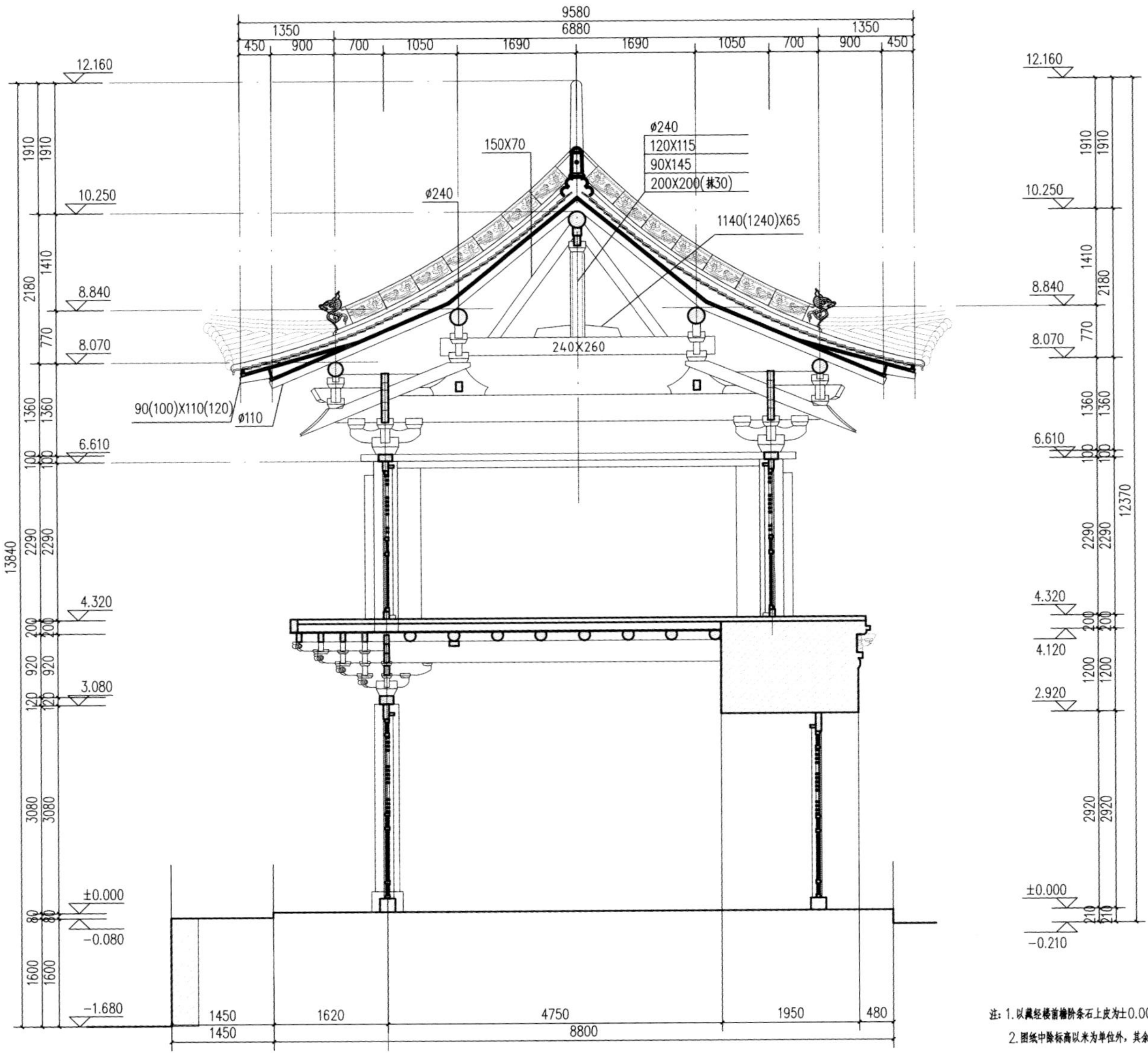

47　藏经楼剖面图资料

注：1. 以藏经楼前檐阶条石上皮为±0.000。建筑标高均为相对标高。
2. 图纸中除标高以米为单位外，其余标注均以毫米为单位。

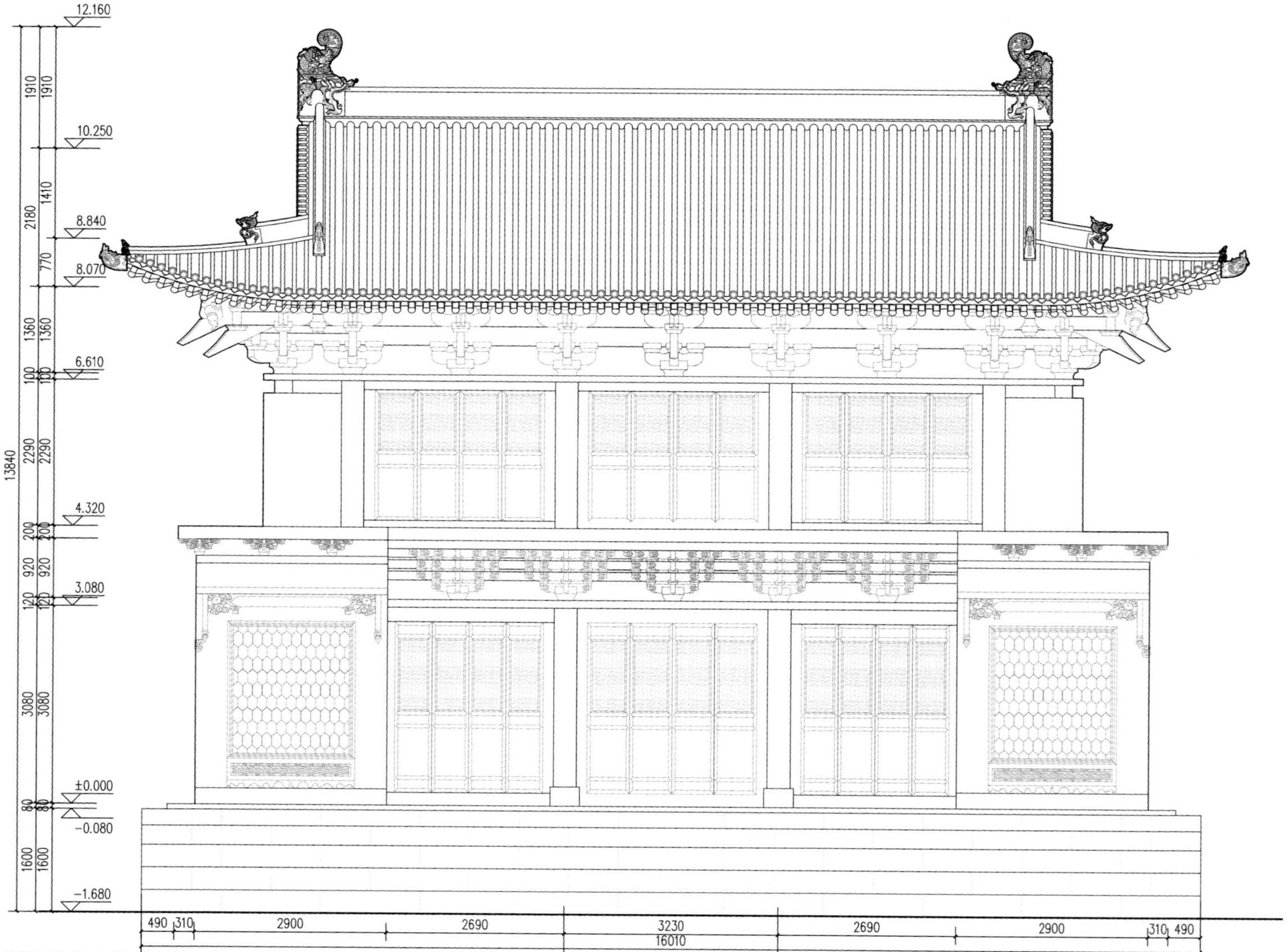

注：1.以藏经楼前檐阶条石上皮为±0.000。建筑标高均为相对标高。
2.图纸中除标高以米为单位外，其余标注均以毫米为单位。

48 藏经楼正立面图资料

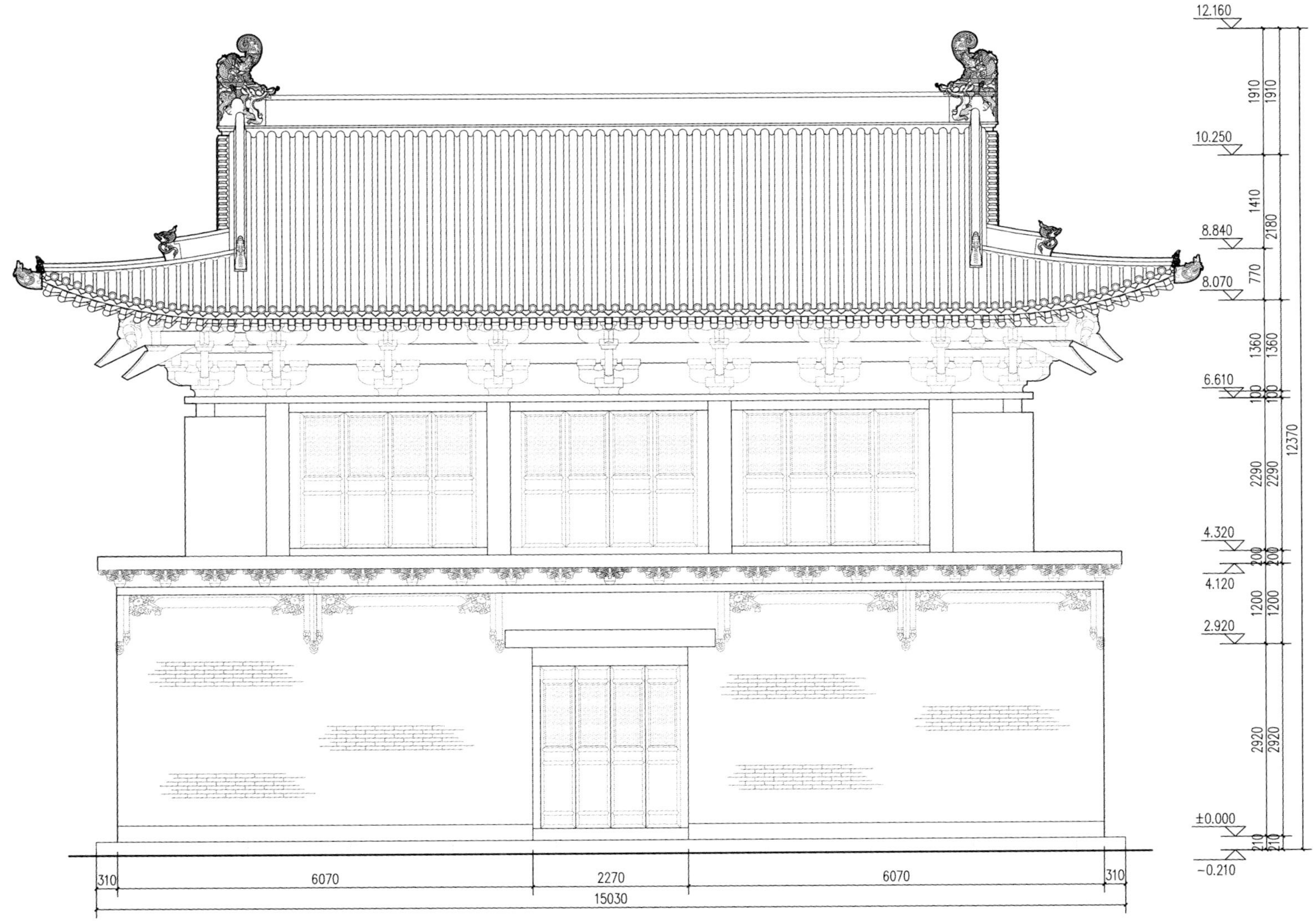

注：1.以藏经楼前檐阶条石上皮为±0.000。建筑标高均为相对标高。

2.图纸中除标高以米为单位外，其余标注均以毫米为单位。

49　藏经楼背立面图资料

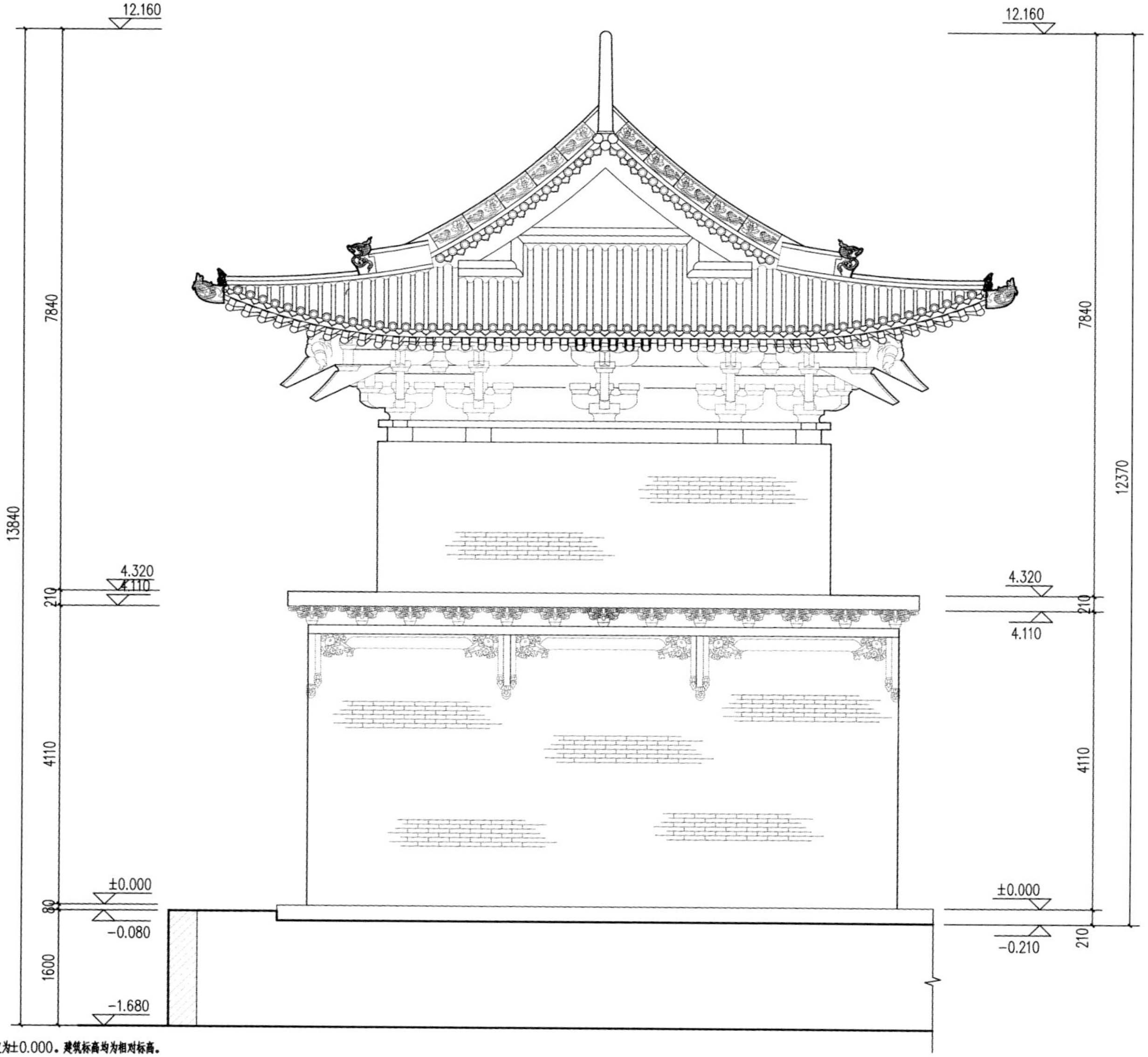

注：1. 以藏经楼前檐阶条石上皮为±0.000。建筑标高均为相对标高。

2. 图纸中除标高以米为单位外，其余标注均以毫米为单位。

50　藏经楼侧立面图资料

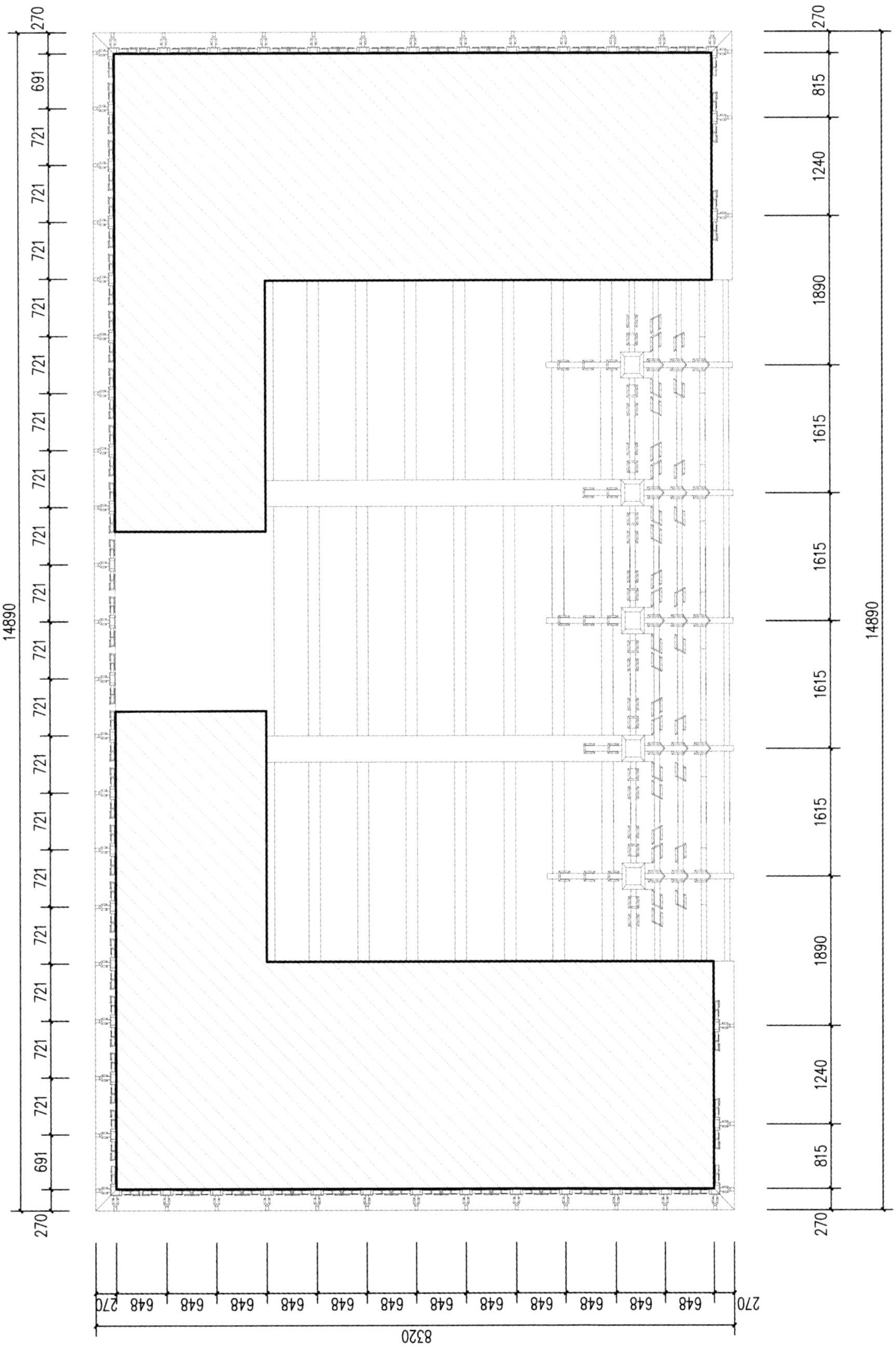

51　藏经楼一层仰视图资料

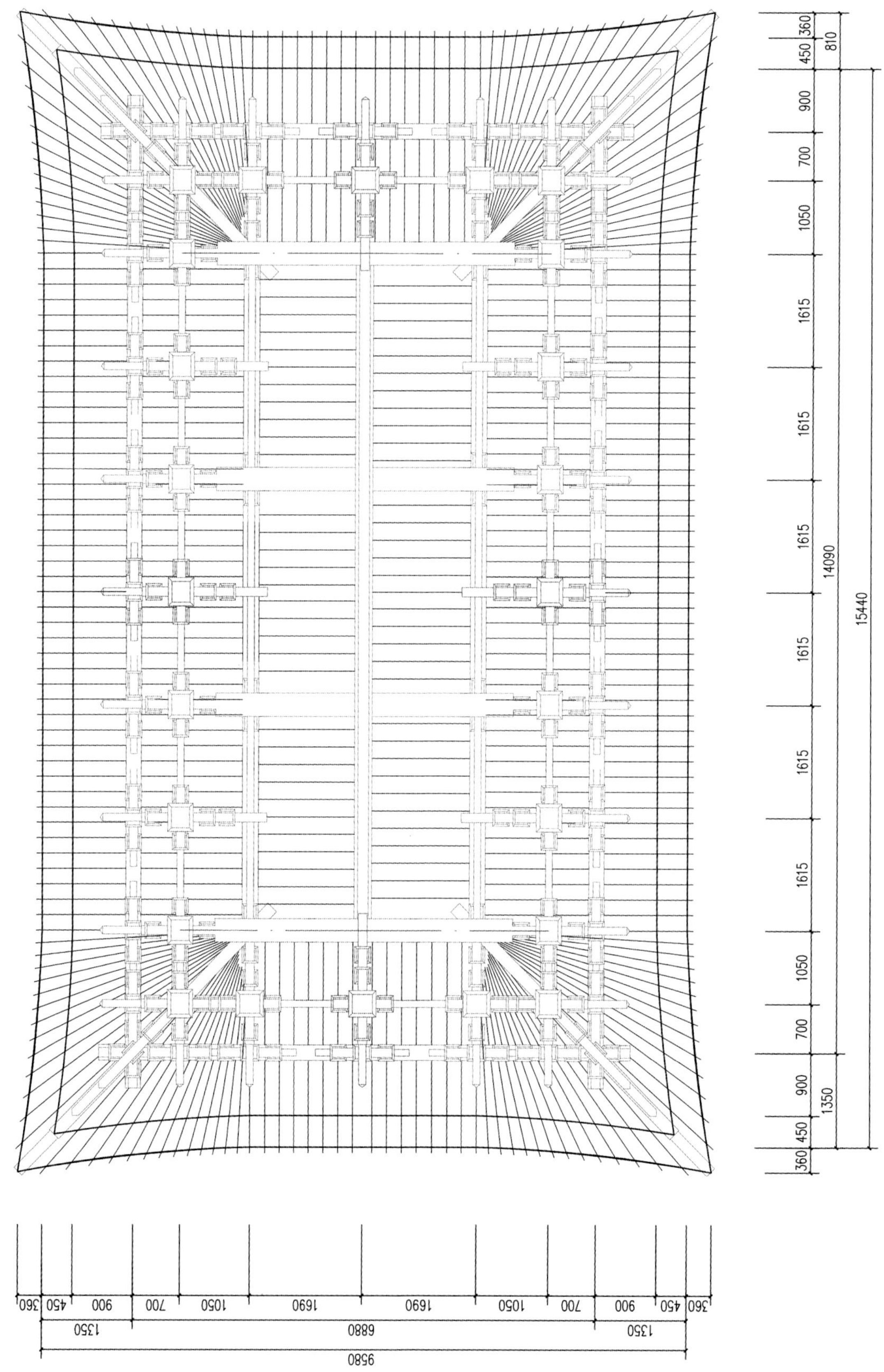

52 藏经楼二层仰视图资料

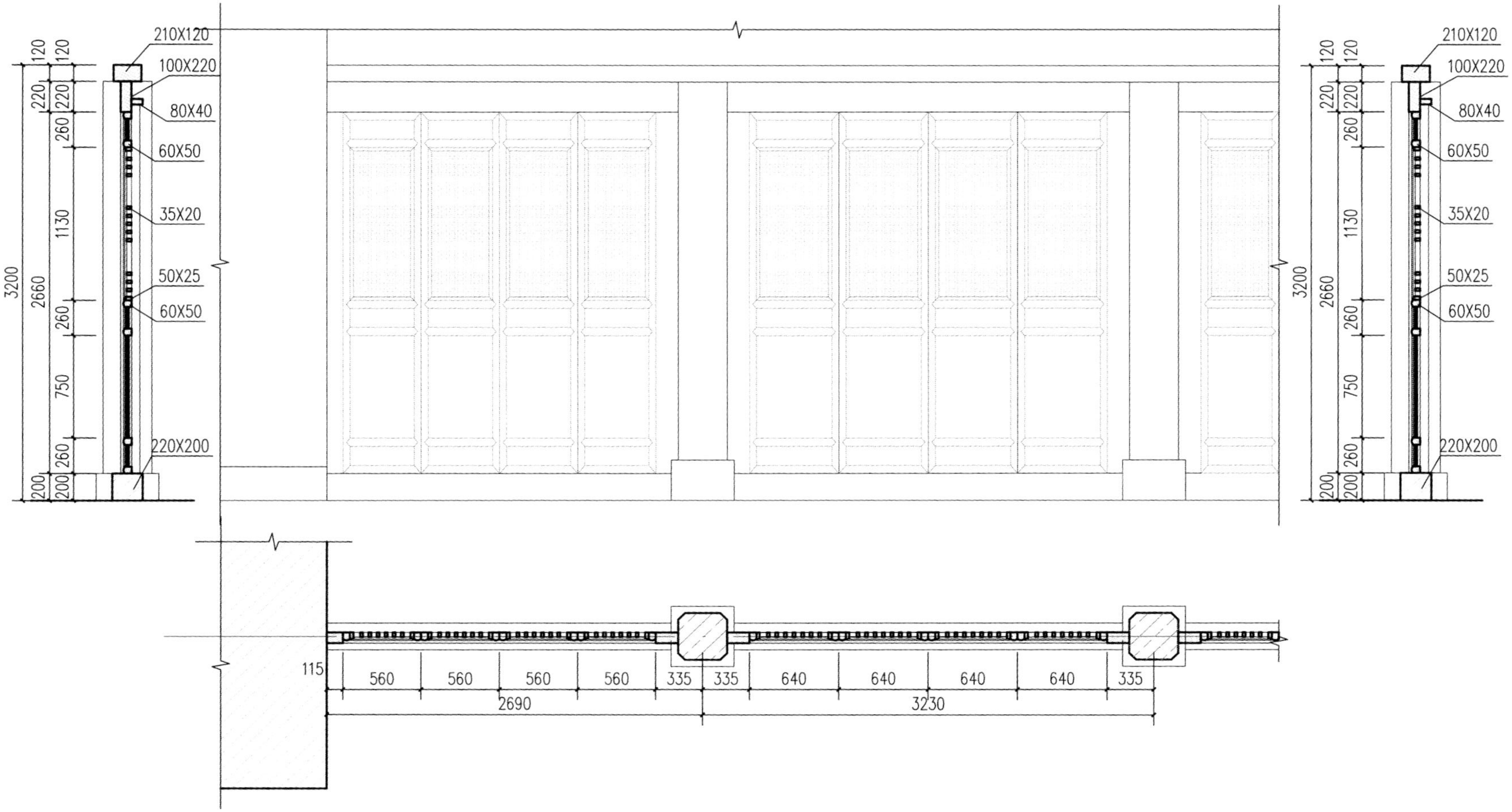

53 藏经楼一层前檐装修图资料

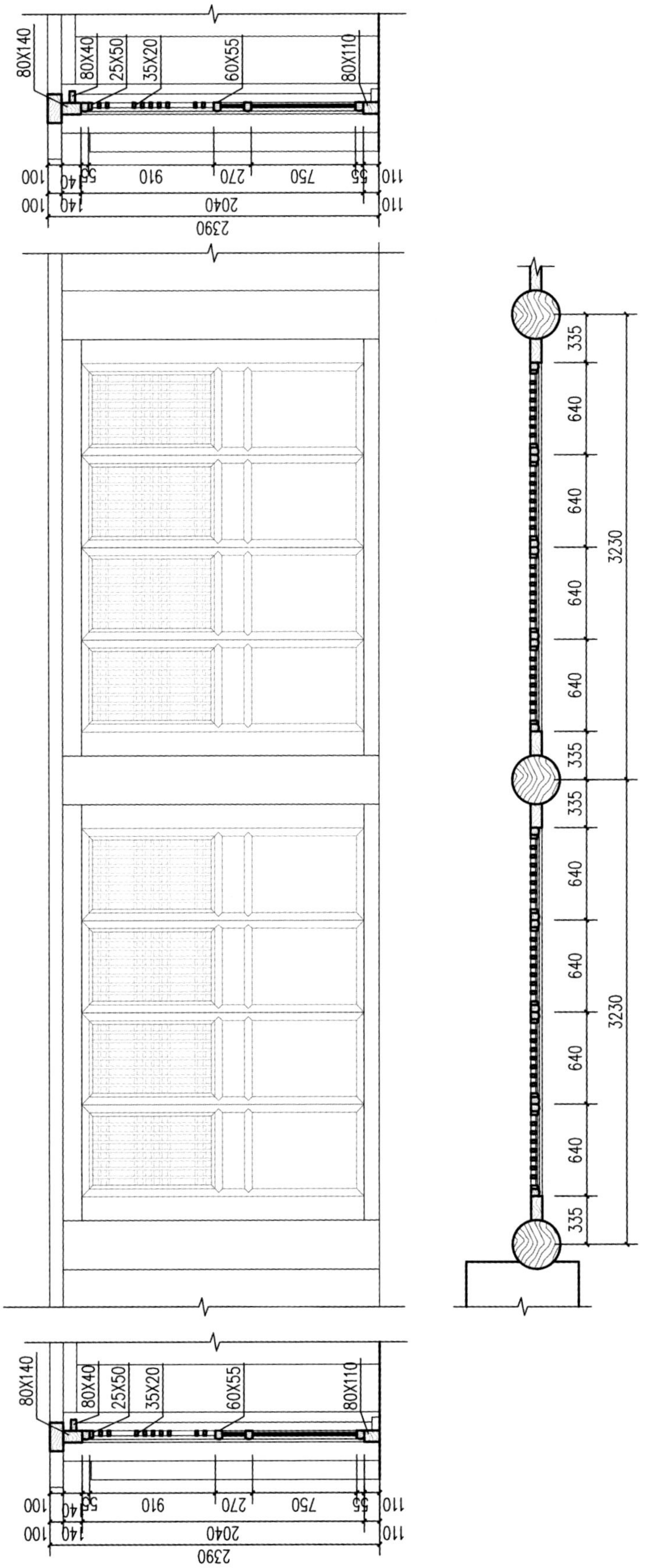

54 藏经楼二层前檐装修图资料

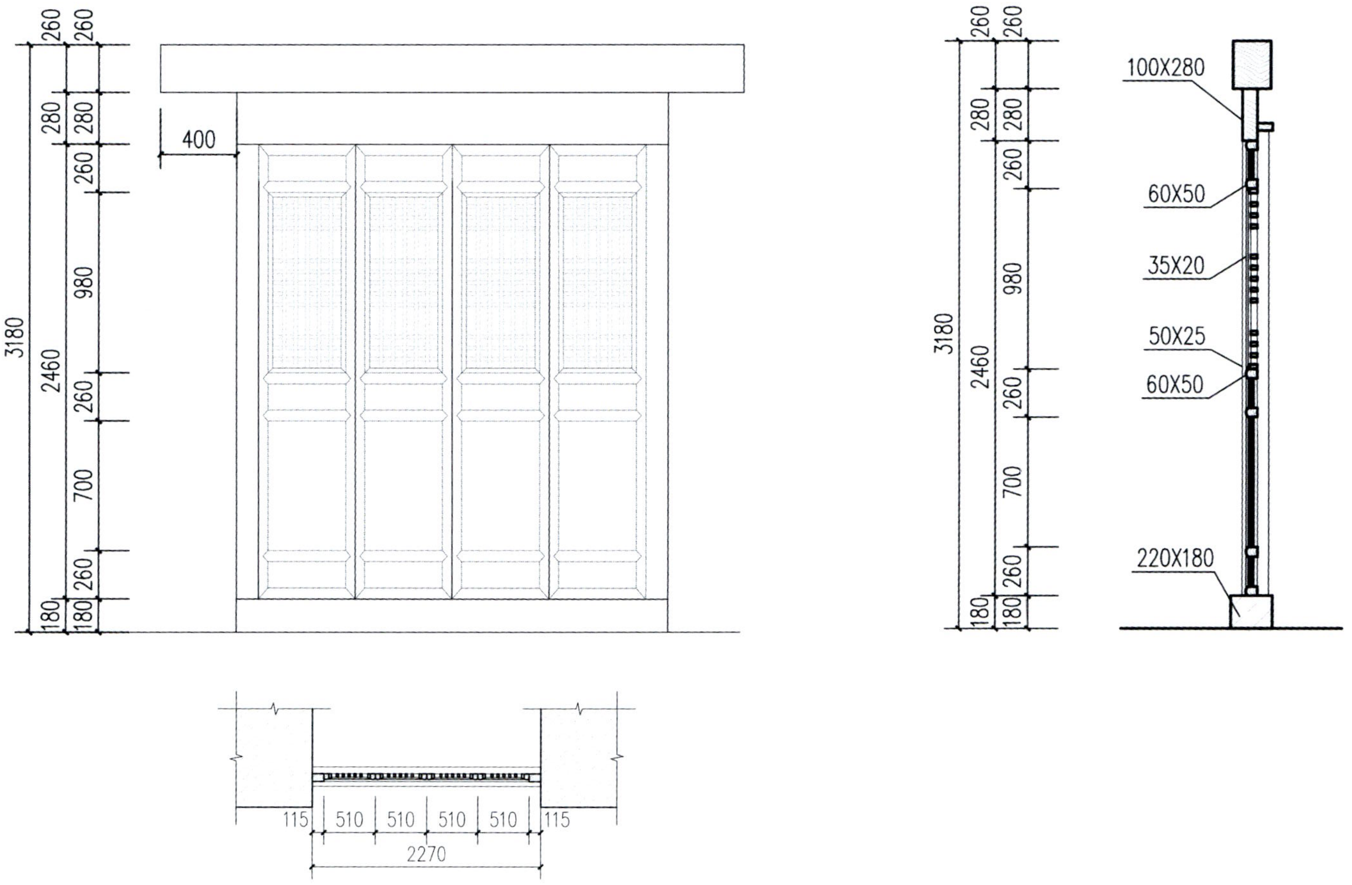

55 藏经楼一层后檐装修图资料

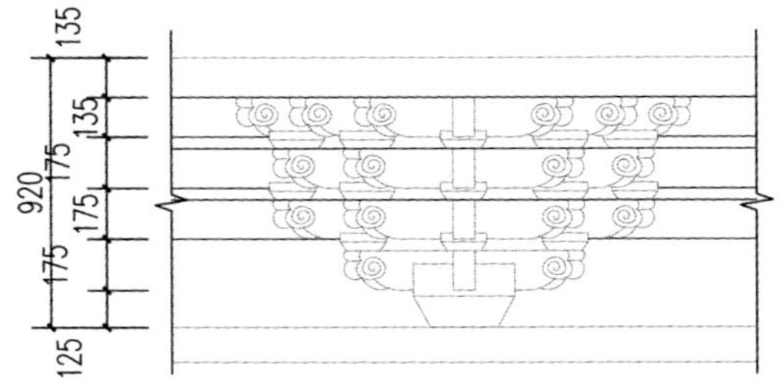

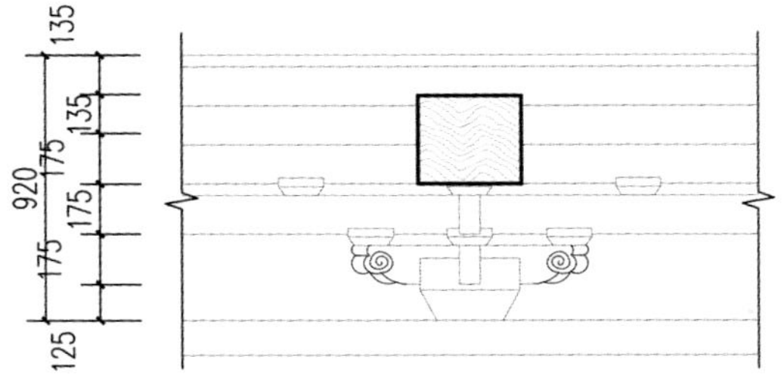

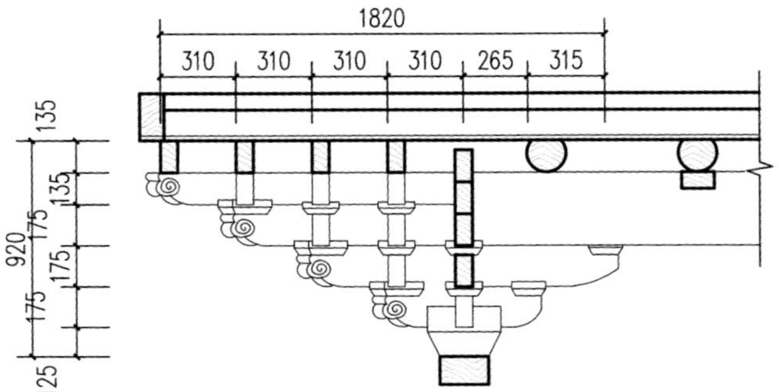

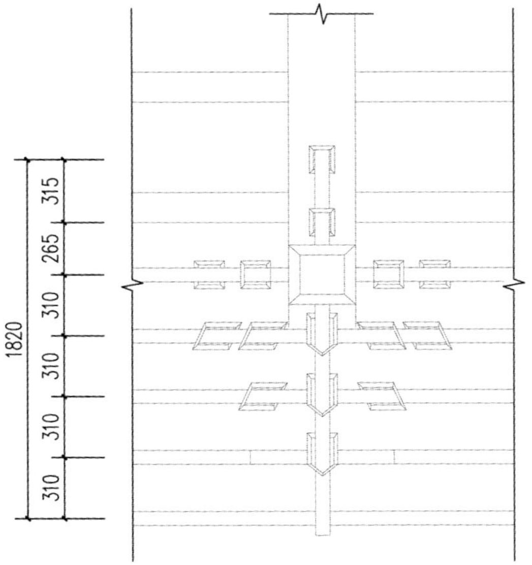

名称	上宽	下宽	上深	下深	耳	平	齐	备注
栌斗	330	220	300	200	90	20	105	
散斗	150	110	150	110	20	10	30	正心
散斗	120	80	140	105	20	10	30	里拽
交互斗	140	90	160—220	140—180	20	10	30	外拽
斜斗	180	155	155	95	15	15	20	外拽

名称	长	宽	高	上留	平出	瓣	用材	备注
泥道栱	780	70	135	0	0	0	单材	雕花
泥道慢栱	1240	70	135	0	0	0	单材	雕花
外一跳瓜子栱	700—765	70	135	0	0	0	单材	雕花
外一跳瓜子慢栱	1170—1235	70	135	0	0	0	单材	雕花
外二跳瓜子栱	710—770	70	135	0	0	0	单材	雕花
令栱	720	70	135	0	0	0	单材	雕花

56 藏经楼一层前檐柱头科斗栱大样图资料

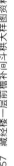

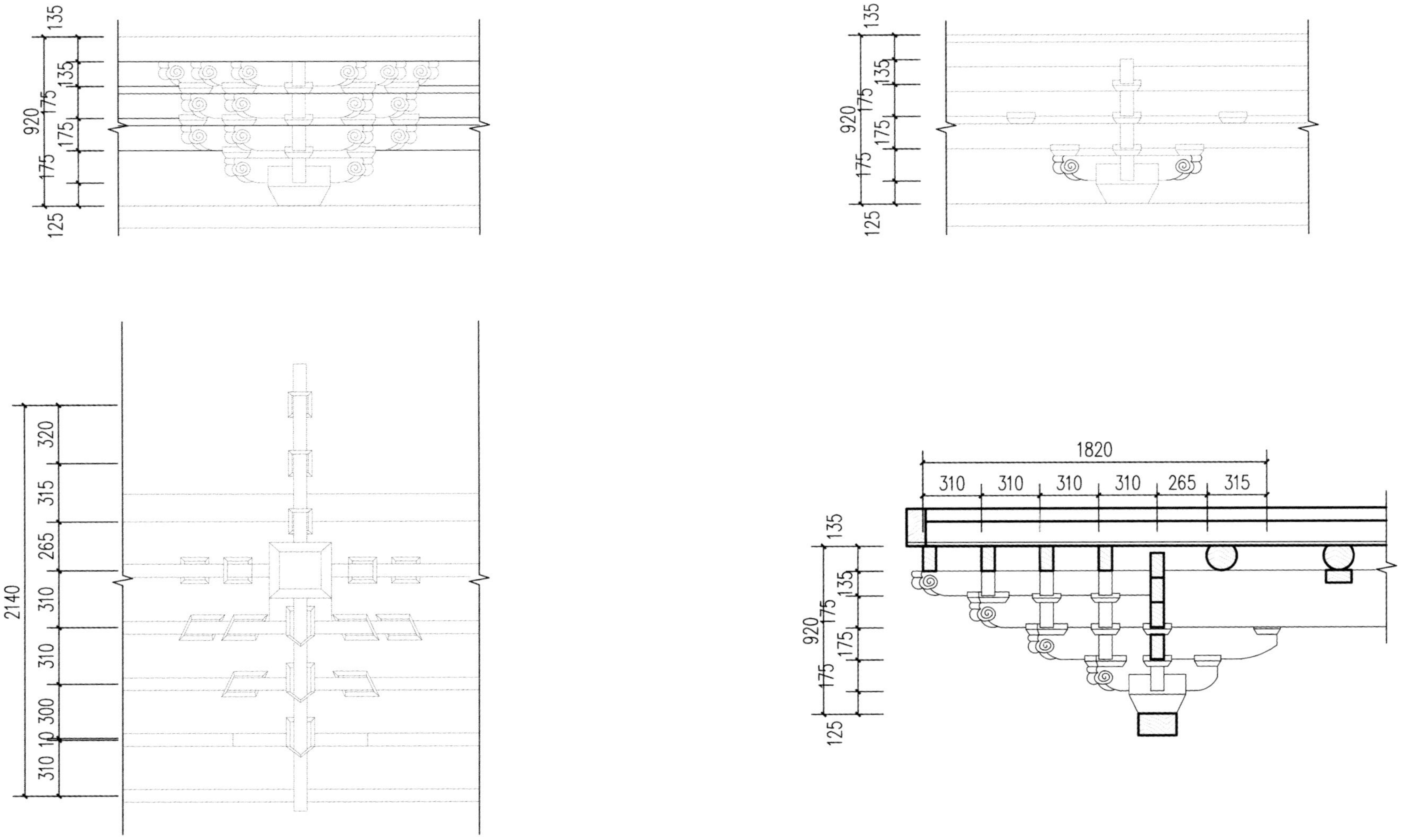

57　藏经楼一层前檐补间斗栱大样图资料

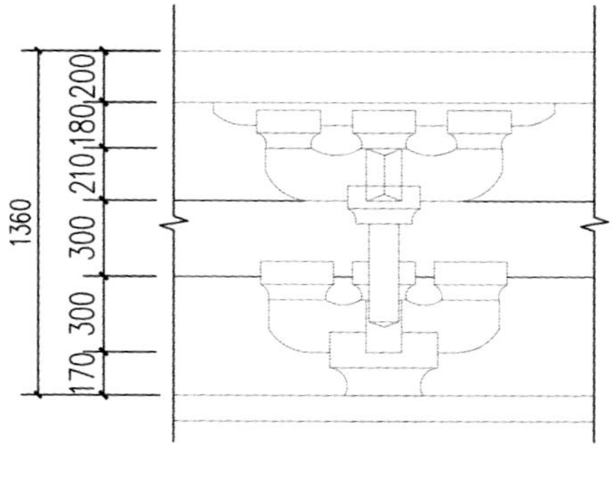

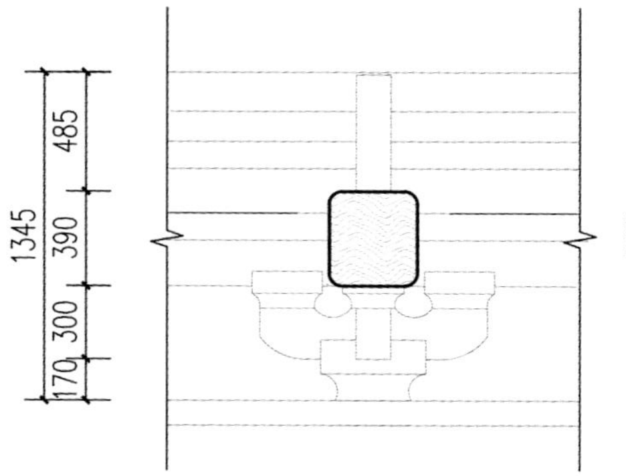

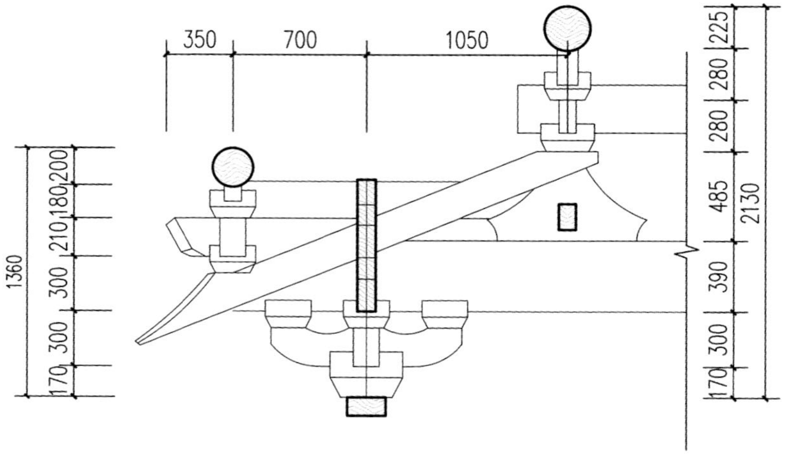

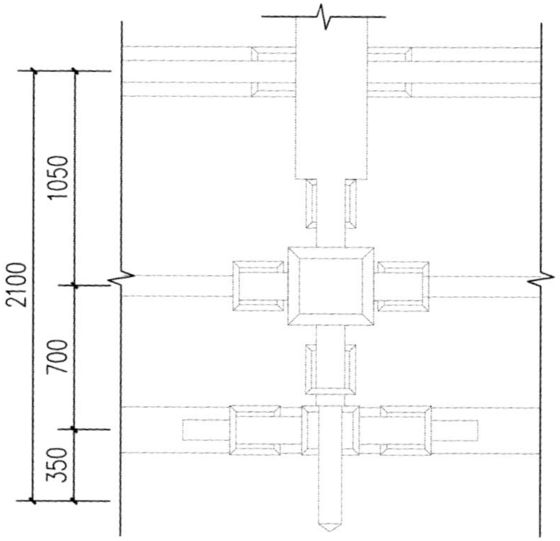

名称	上宽	下宽	上深	下深	耳	平	齐	备注
栌斗	410	300	380	270	80	60	110	
散斗	240	240	240	180	60	30	60	
交互斗	275	215	240	180	60	30	60	

名称	长	宽	高	上留	平出	瓣	用材	备注
泥道栱	870	135	210	115	75	0	单材	
泥道慢栱	900	135	210	90	130	0	单材	

58 藏经楼二层前后檐明间柱头科斗栱大样图资料

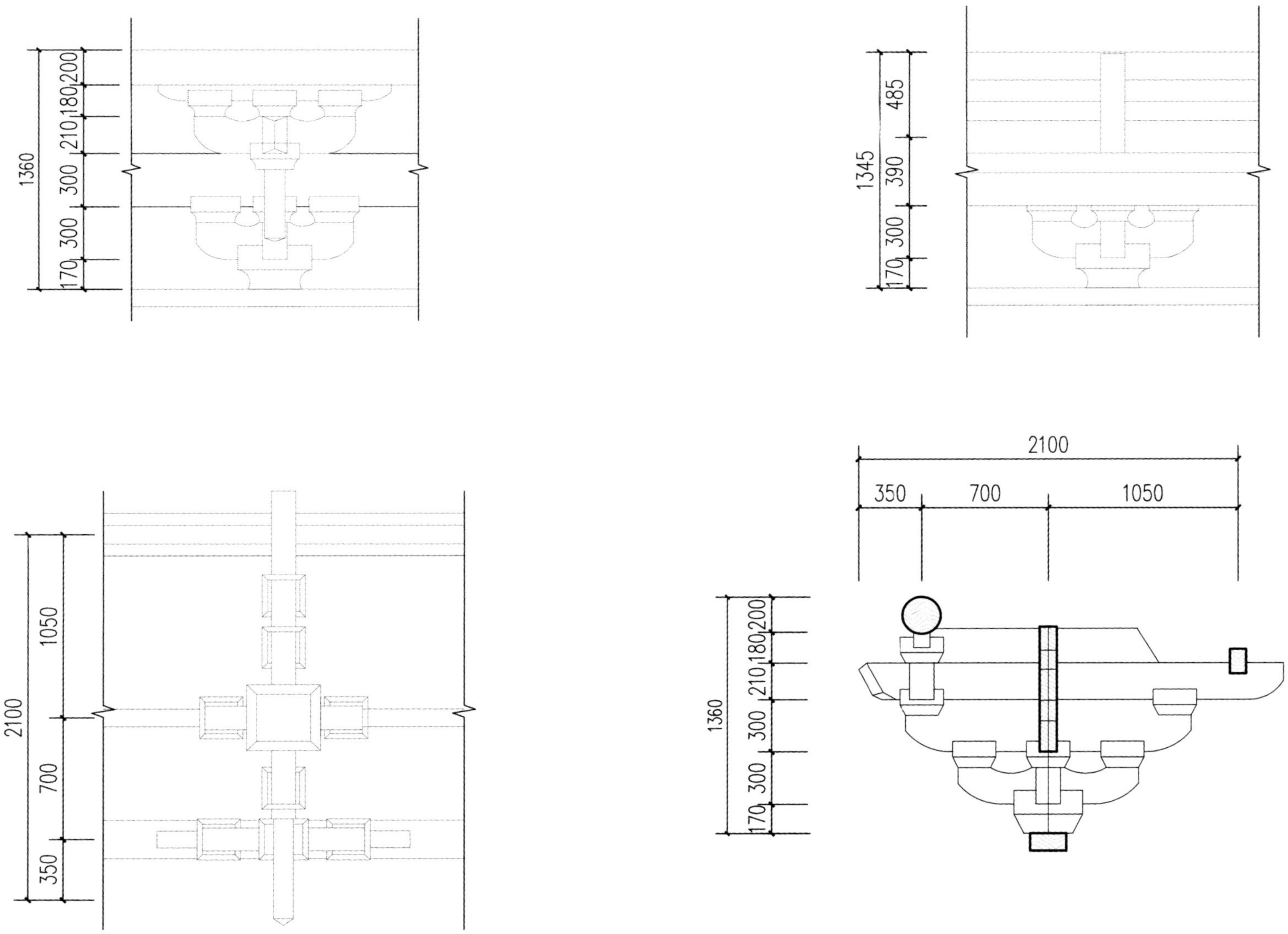

59 藏经楼二层前后檐补间斗拱大样图资料

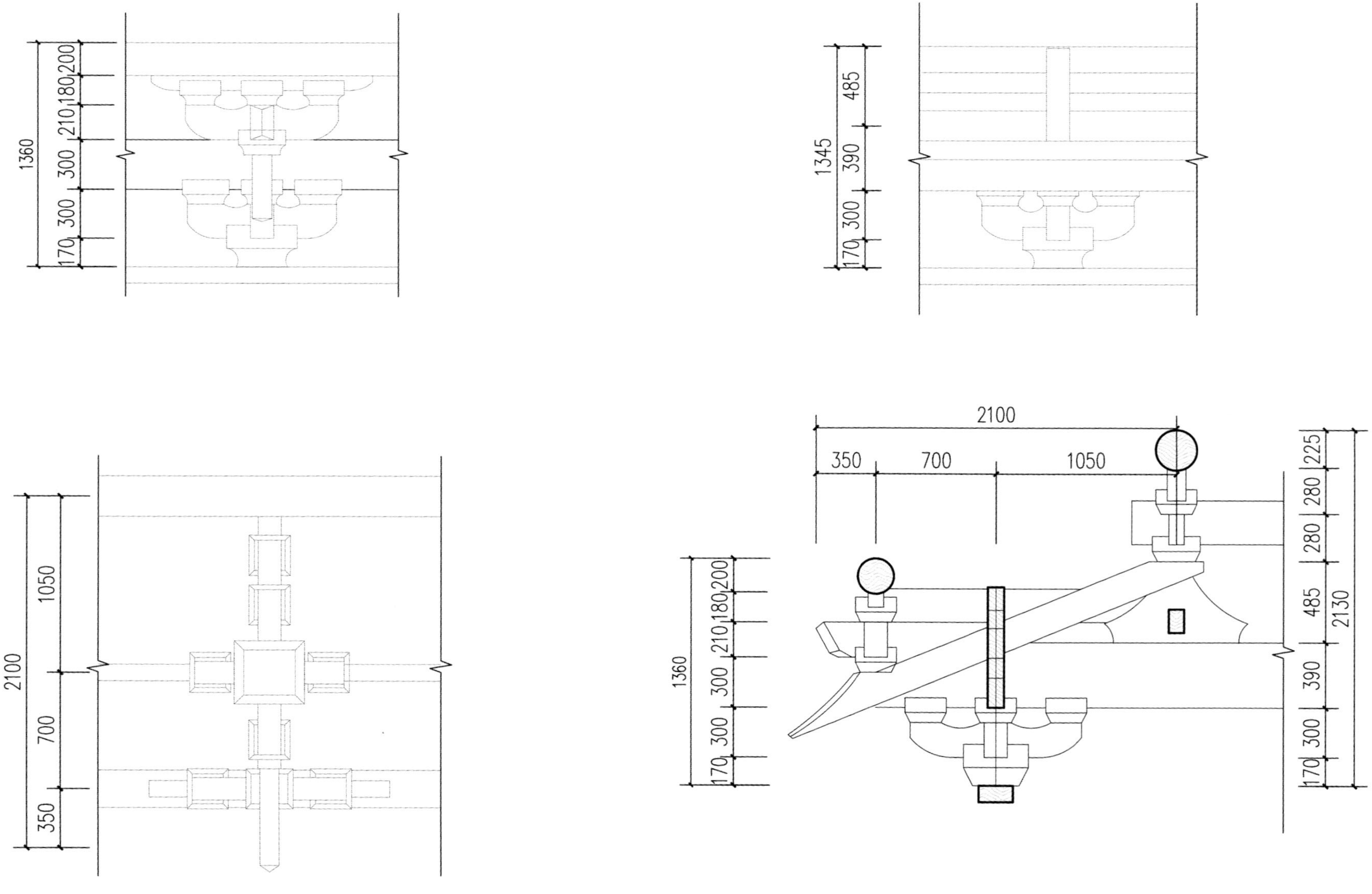

60　藏经楼二层山面柱头科斗栱大样图资料

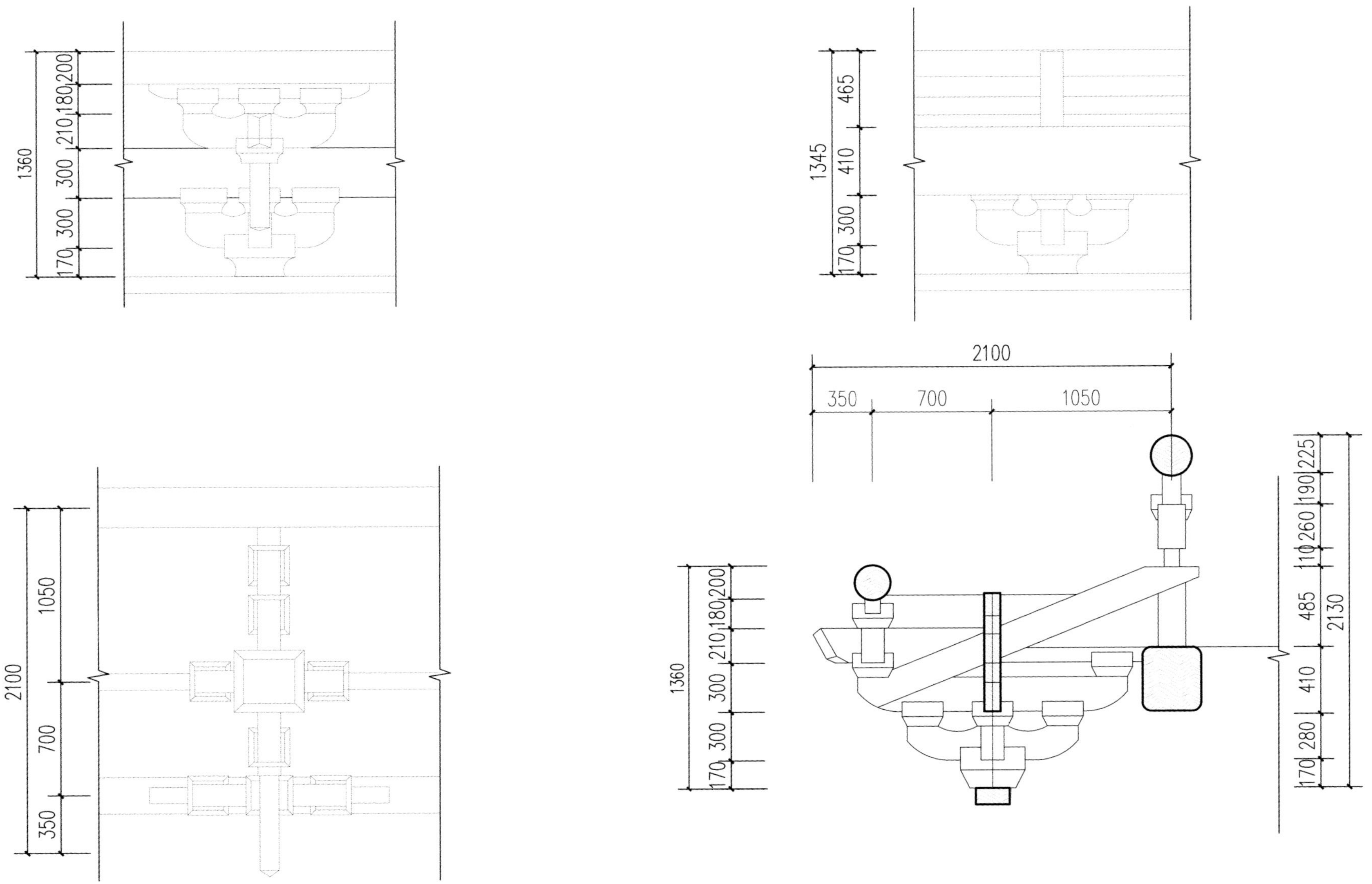

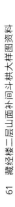

61　藏经楼二层山面补间斗栱大样图资料

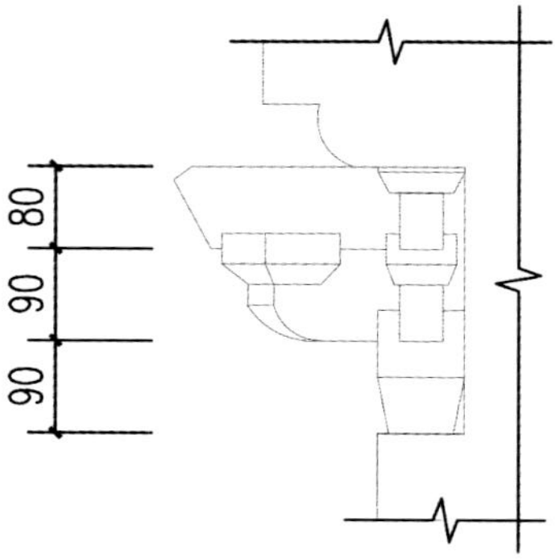

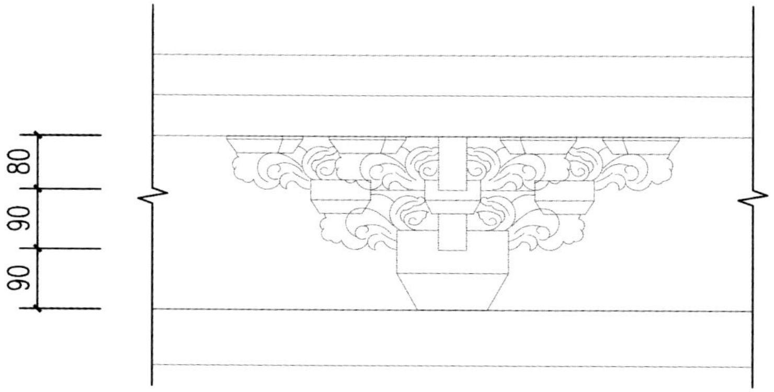

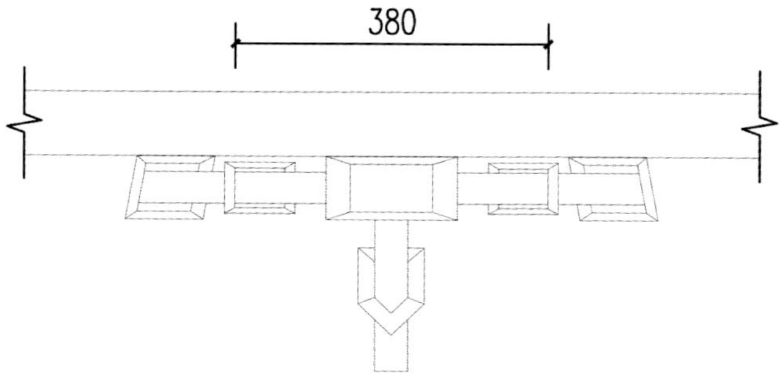

名称	上宽	下宽	上深	下深	耳	平	齐	备注
栌斗	160	100	80	60	30	35	55	
散斗	85	60	65	50	15	15	20	
交互斗	80	55	70—110	45—70	15	15	20	
斜斗	85	60	85	65	15	15	20	

名称	长	宽	高	上留	平出	瓣	用材	备注
泥道栱	380	40	80	0	0	0	单材	雕花
泥道慢栱	585—615	40	80	0	0	0	单材	雕花
令栱	290—320	40	80	0	0	0	单材	雕花

62　藏经楼一层砖雕斗栱大样图资料

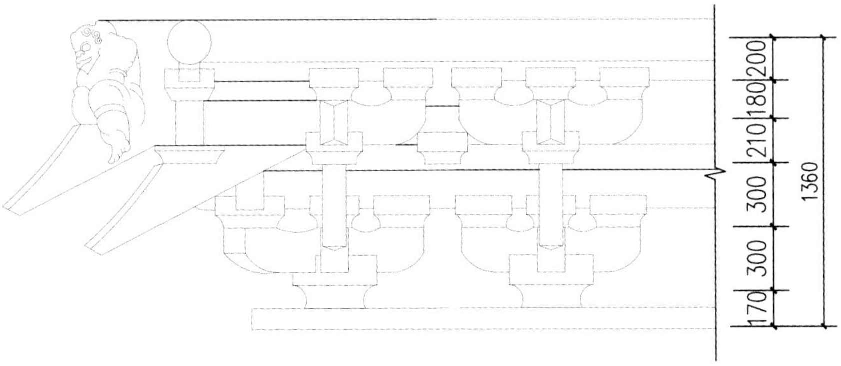

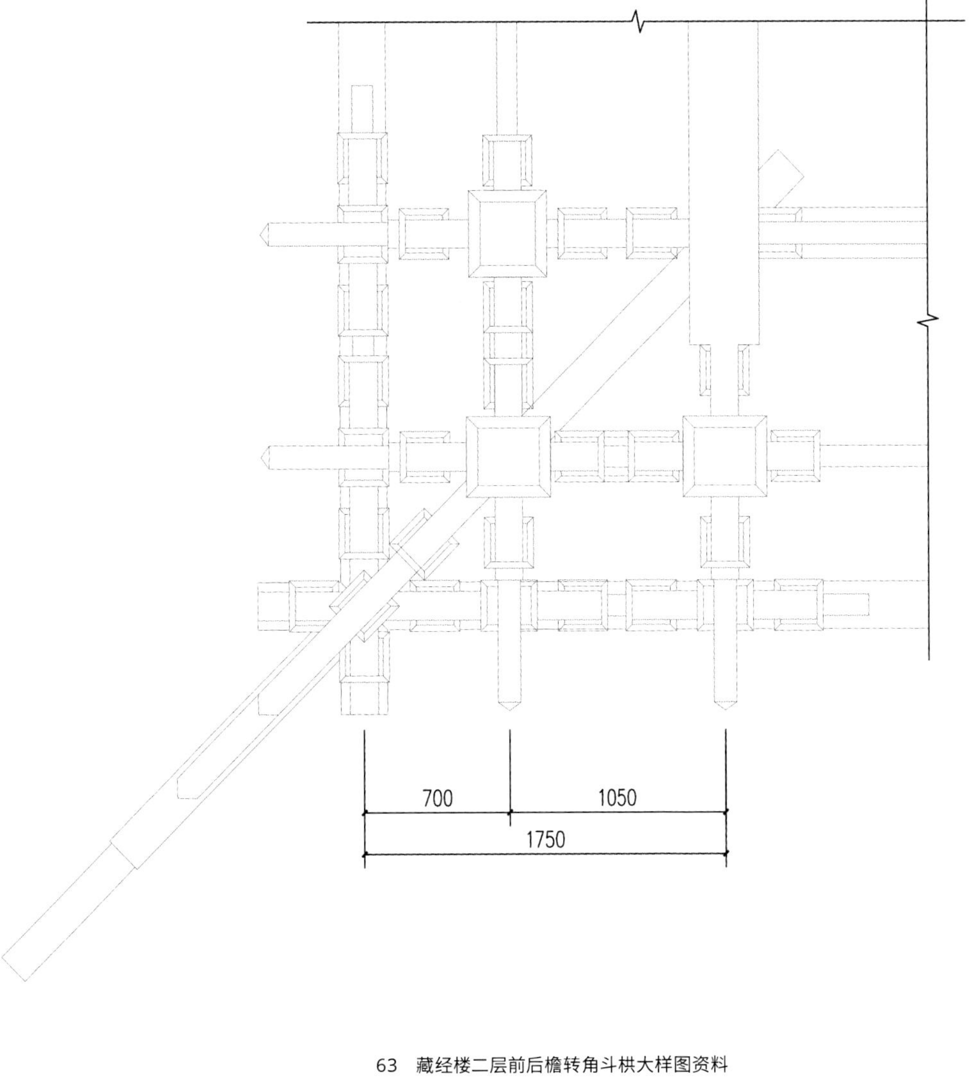

63　藏经楼二层前后檐转角斗栱大样图资料

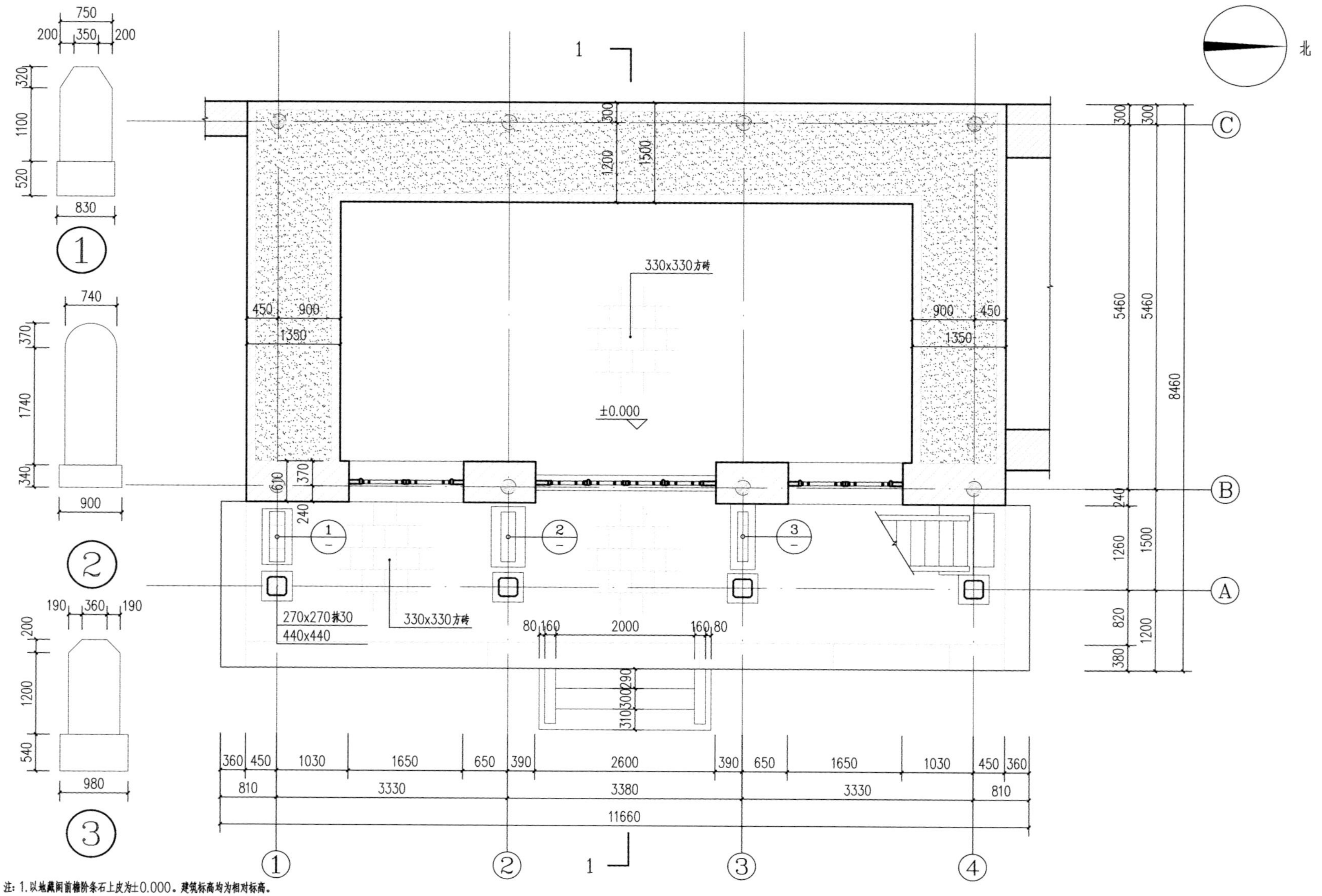

注：1. 以地藏阁前檐阶条石上皮为±0.000。建筑标高均为相对标高。

2. 图纸中除标高以米为单位外，其余标注均以毫米为单位。

64 地藏阁一层平面图资料

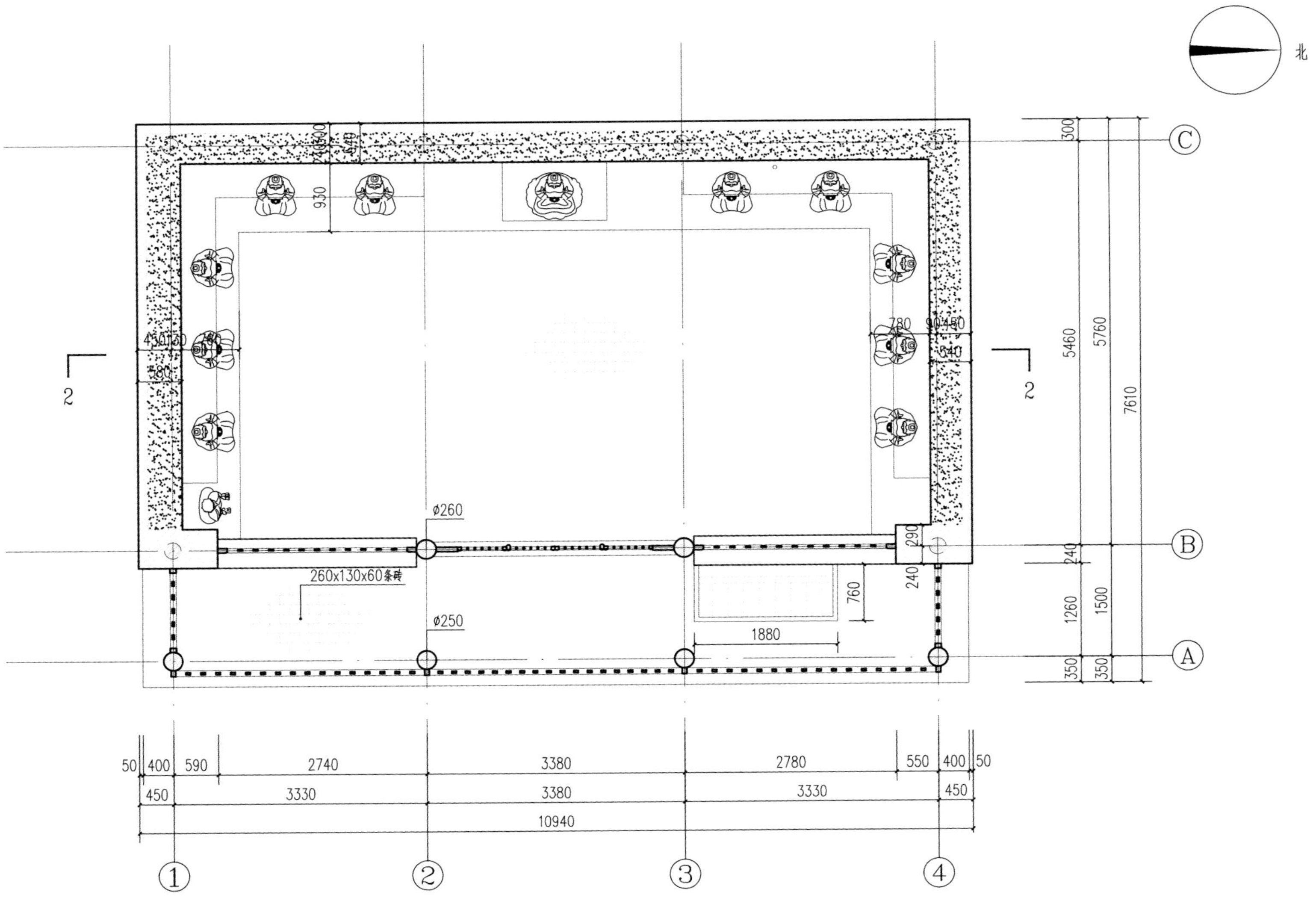

注：1.以地藏阁前檐阶条石上皮为±0.000。建筑标高均为相对标高。

2.图纸中除标高以米为单位外，其余标注均以毫米为单位。

65　地藏阁二层平面图资料

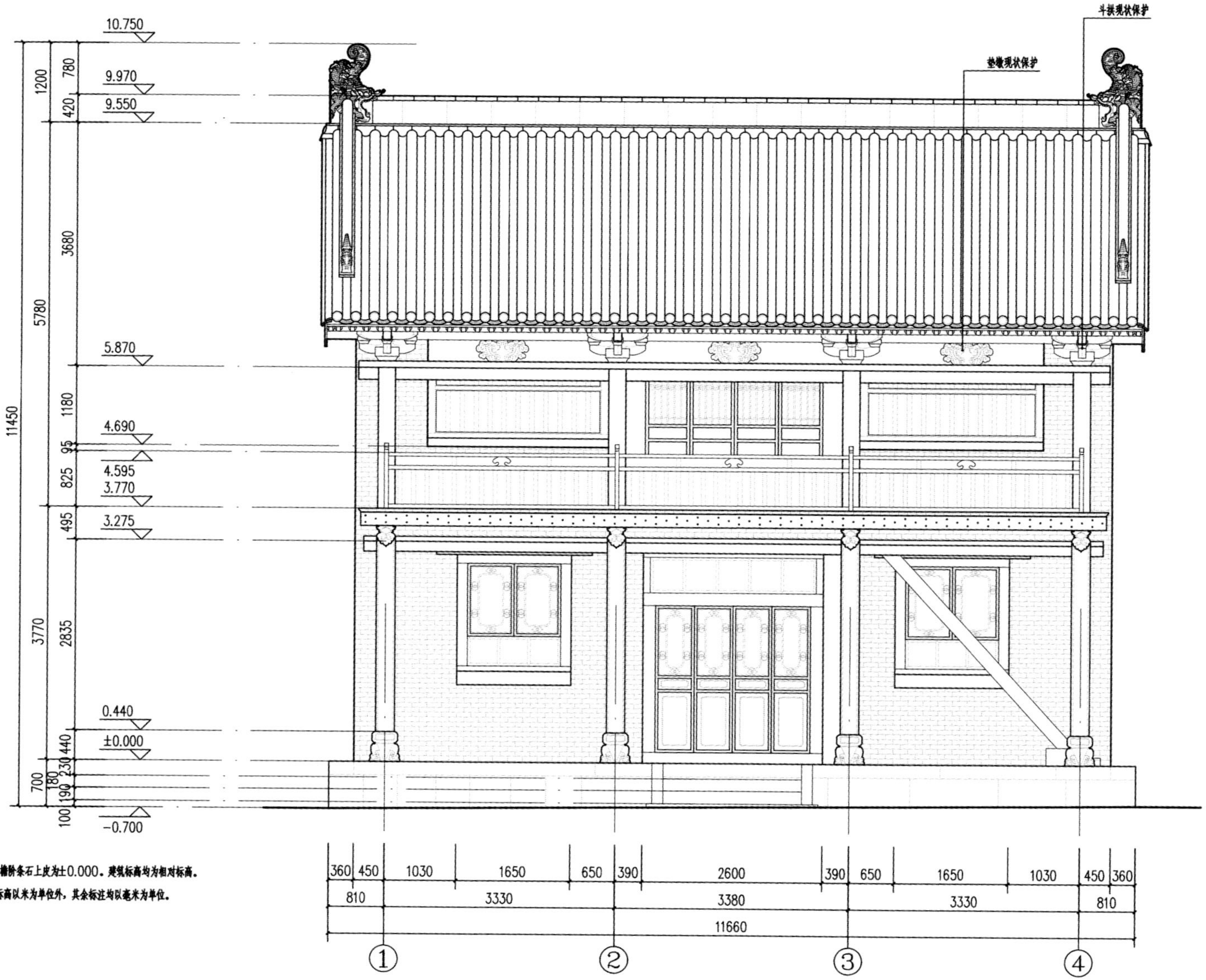

注：1. 以地藏阁前檐阶条石上皮为±0.000，建筑标高均为相对标高。
2. 图纸中除标高以米为单位外，其余标注均以毫米为单位。

66　地藏阁正立面图资料

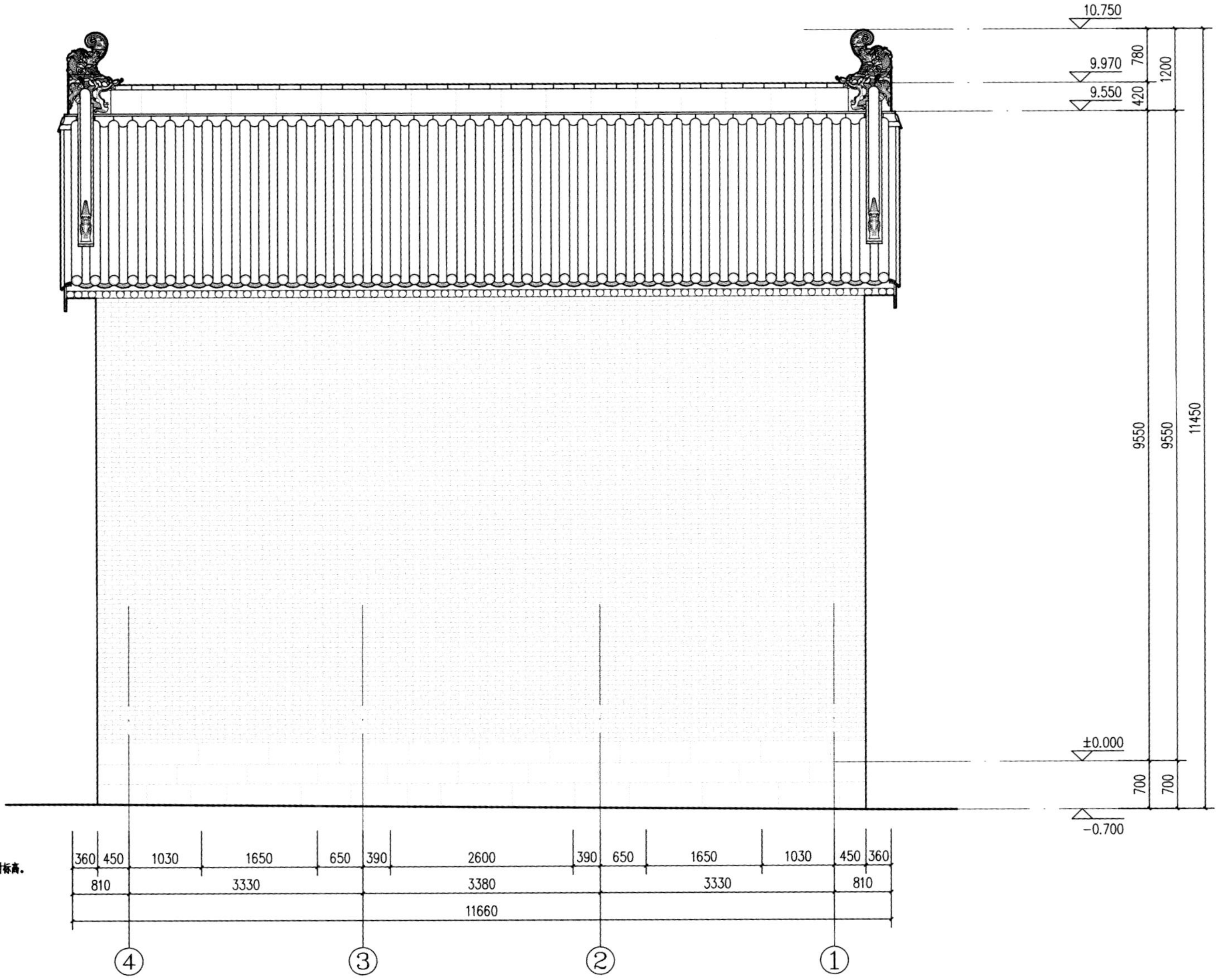

注：1.以地藏阁前檐阶条石上皮为±0.000。建筑标高均为相对标高。
2.图纸中除标高以米为单位外，其余标注均以毫米为单位。

67　地藏阁背立面图资料

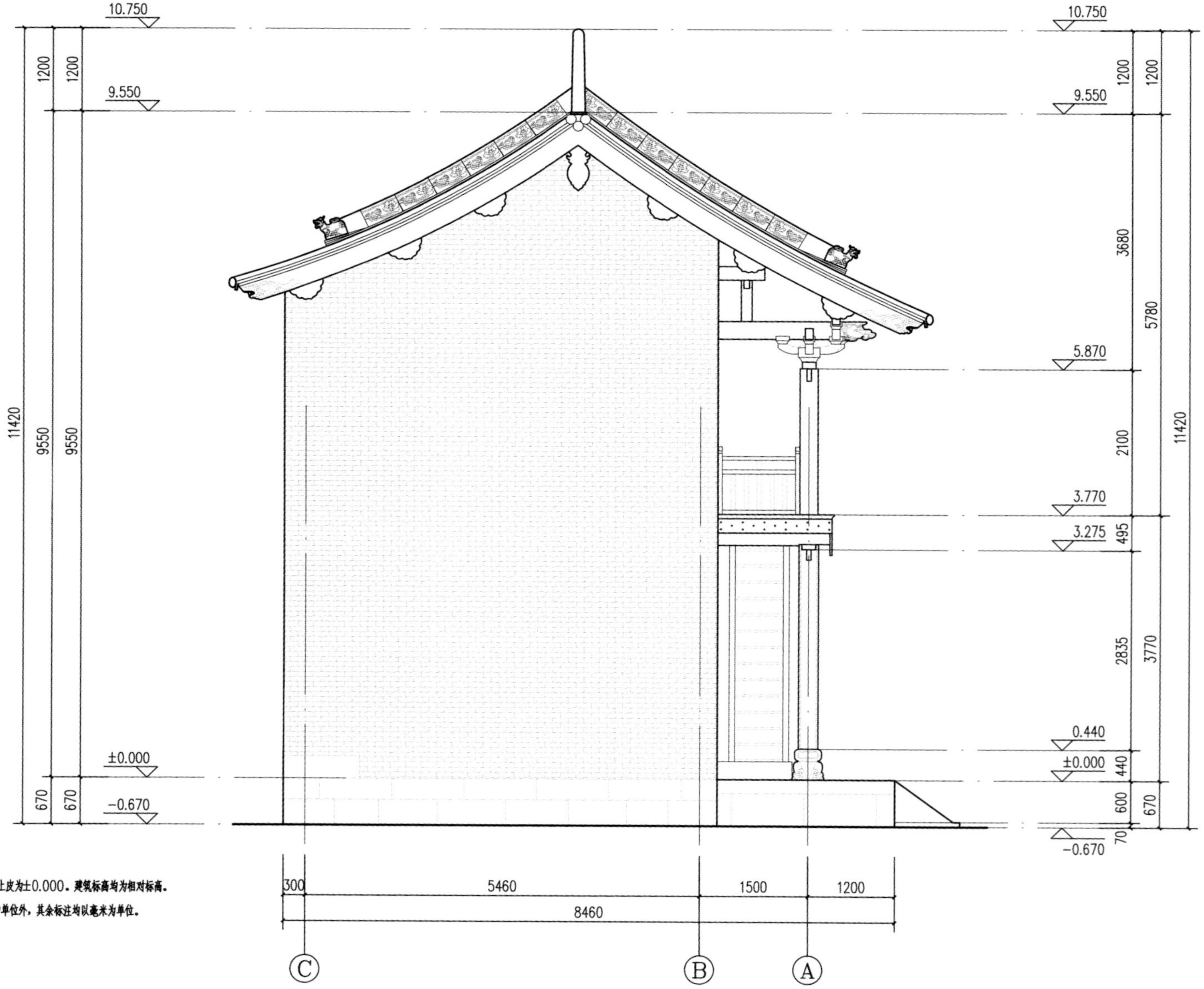

注：1.以地藏阁前檐阶条石上皮为±0.000。建筑标高均为相对标高。
2.图纸中除标高以米为单位外，其余标注均以毫米为单位。

68　地藏阁南侧立面图资料

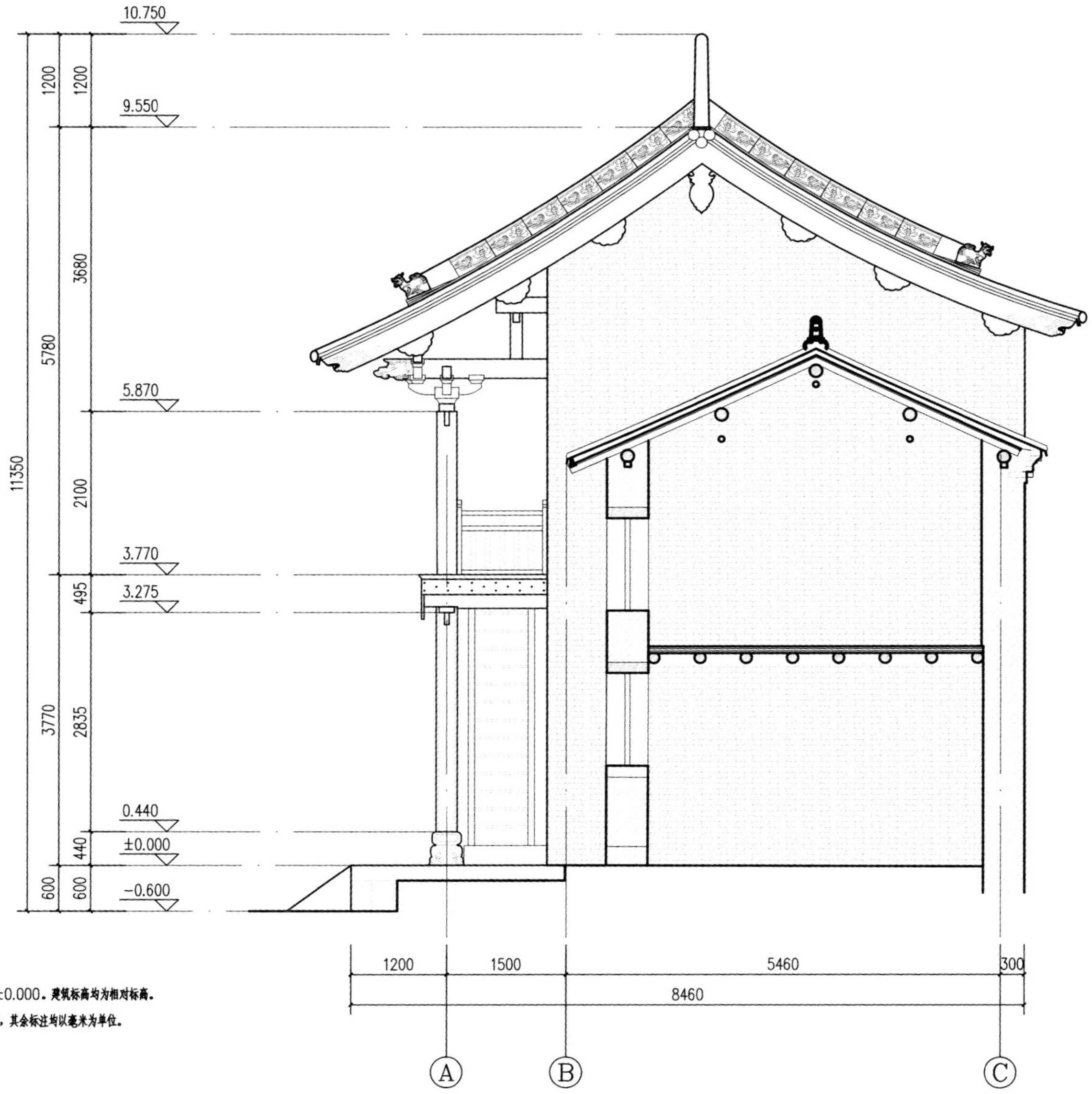

注：1.以地藏阁前檐阶条石上皮为±0.000。建筑标高均为相对标高。

2.图纸中除标高以米为单位外，其余标注均以毫米为单位。

69　地藏阁北侧立面图资料

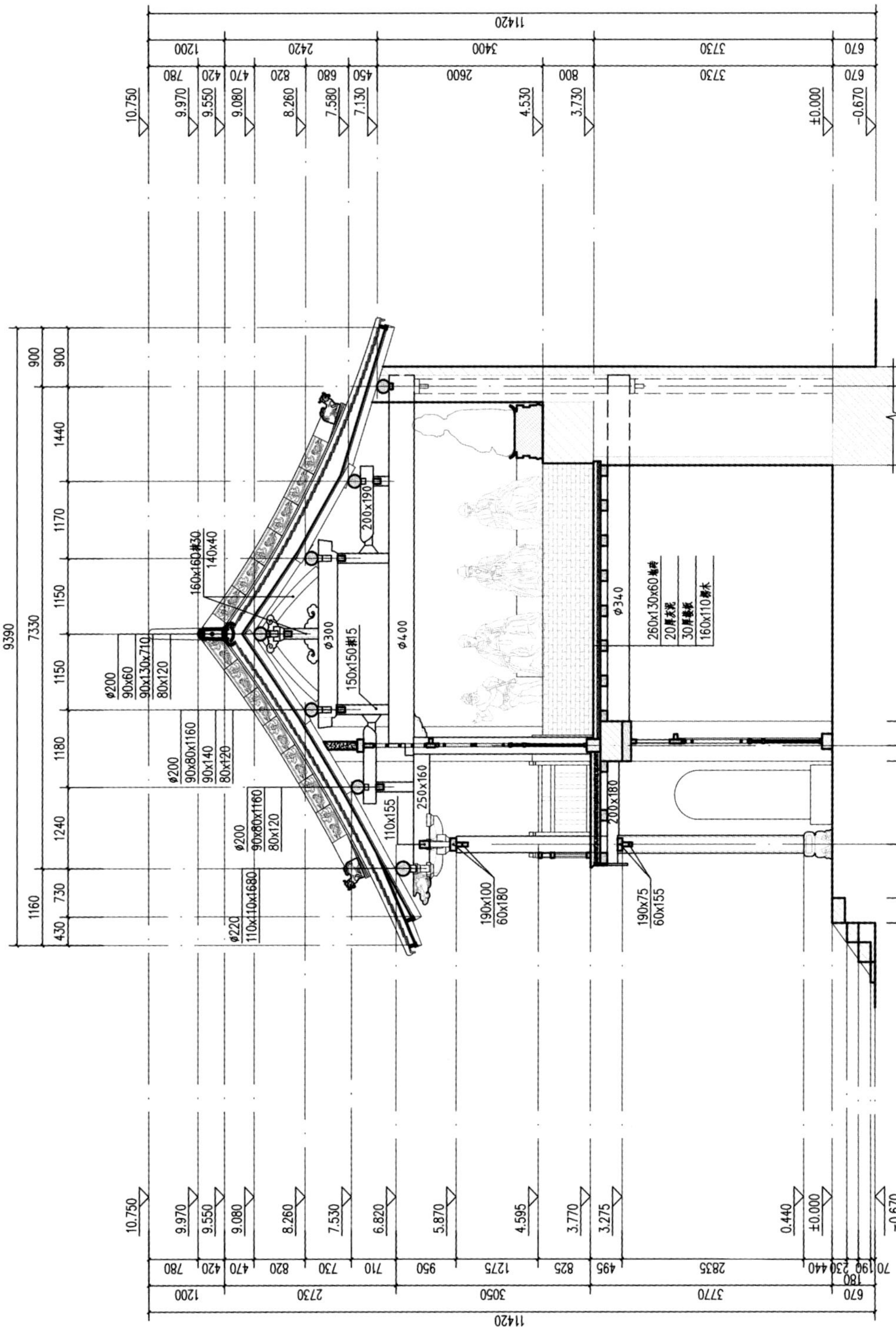

注：1.以地藏阁前檐阶条石上皮为±0.000，建筑标高均为相对标高。

2.图纸中除标高以米为单位外，其余标注均以毫米为单位。

70　地藏阁 1-1 剖面图资料

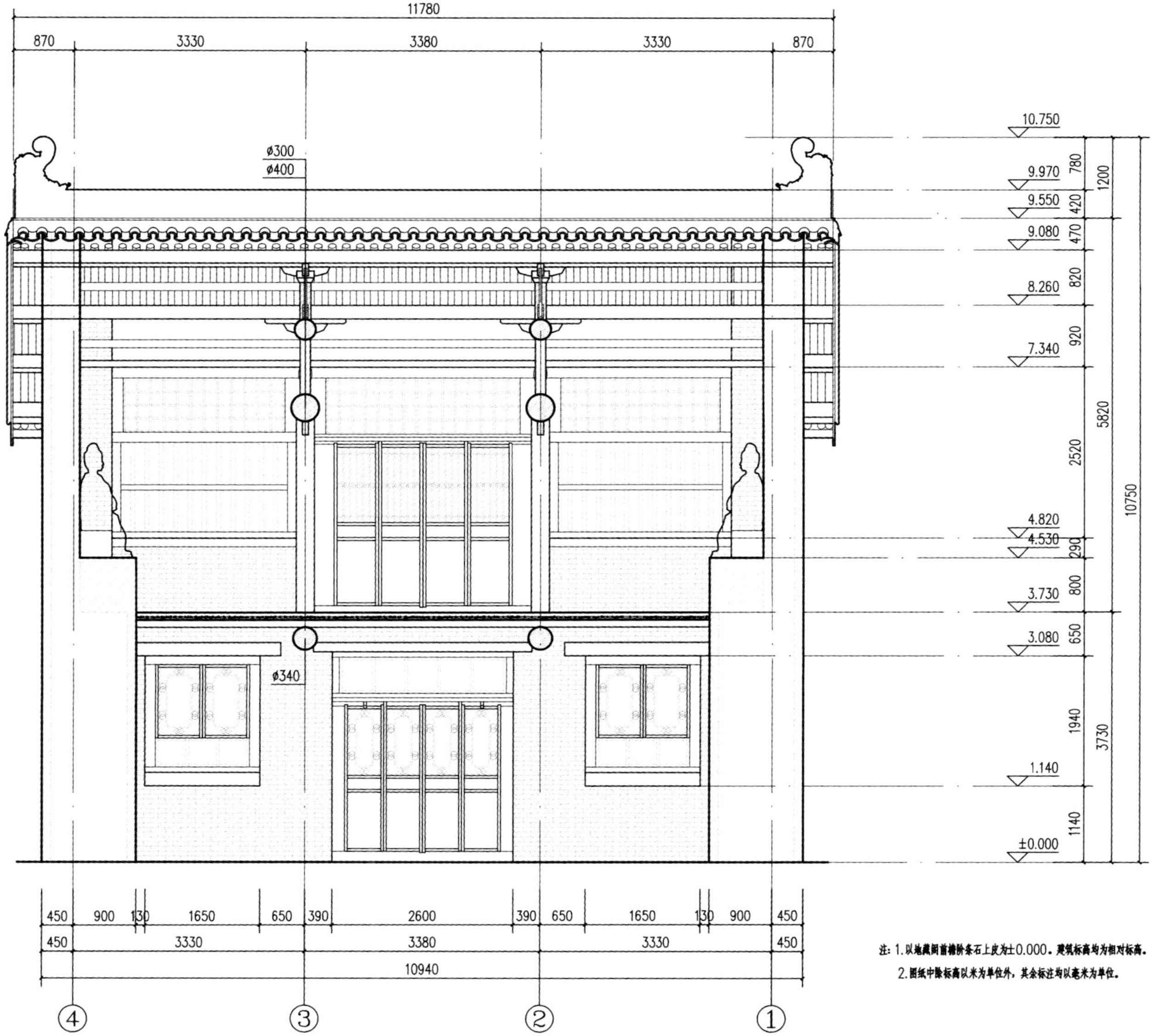

注：1.以地藏阁前檐阶条石上皮为±0.000，建筑标高均为相对标高。
2.图纸中除标高以米为单位外，其余标注均以毫米为单位。

71　地藏阁 2-2 剖面图资料

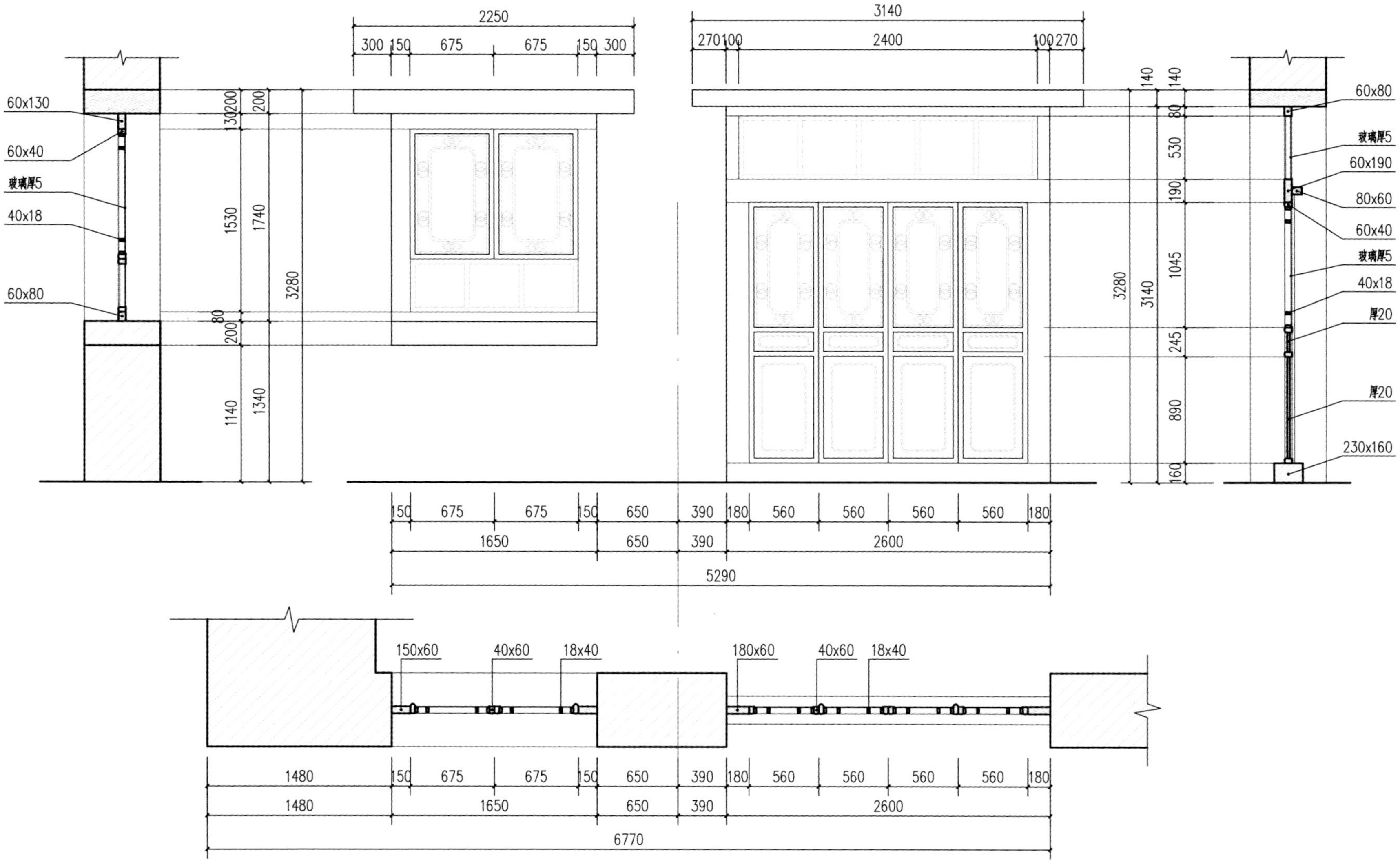

72 地藏阁一层装修大样图资料

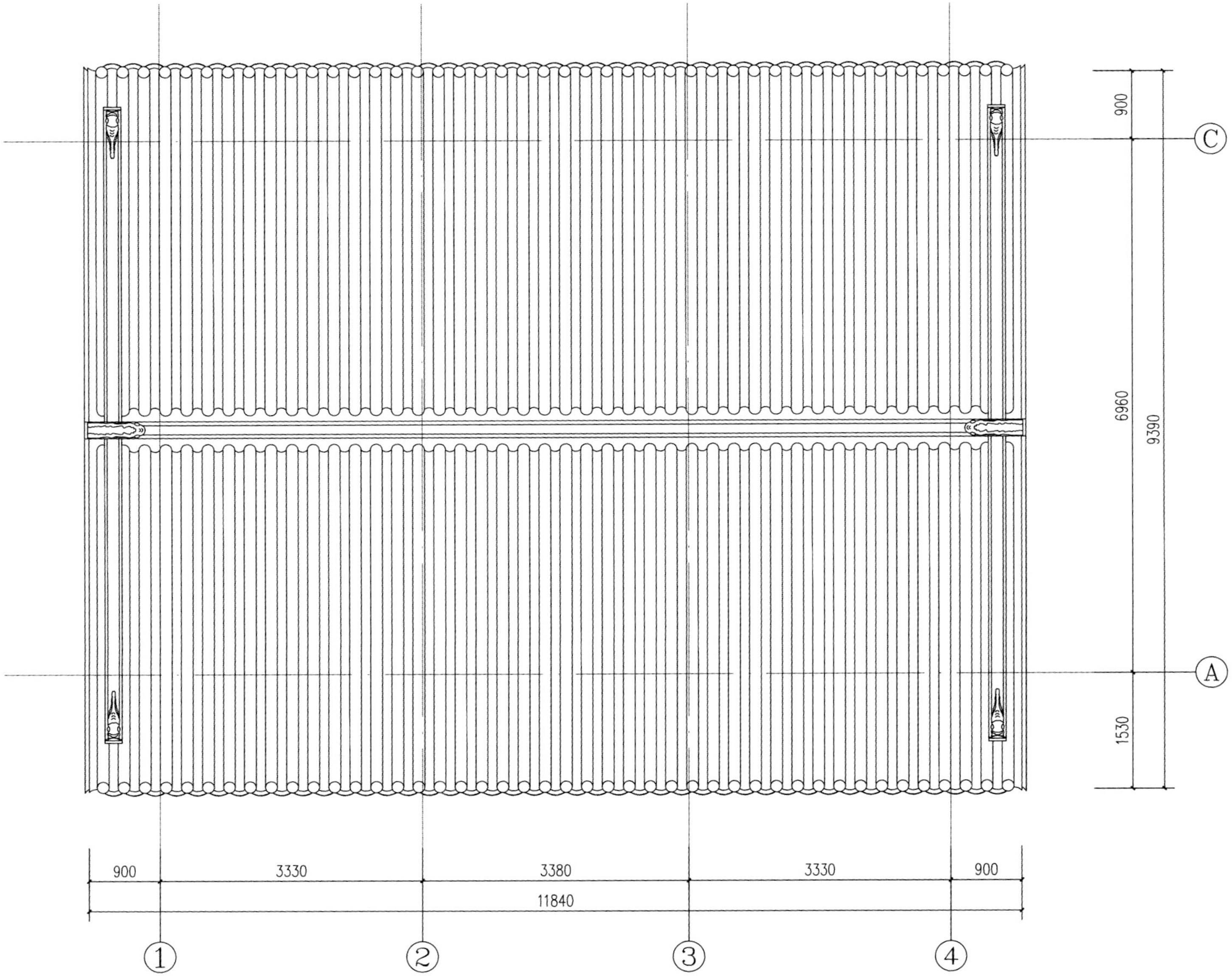

73　地藏阁屋顶俯视图资料

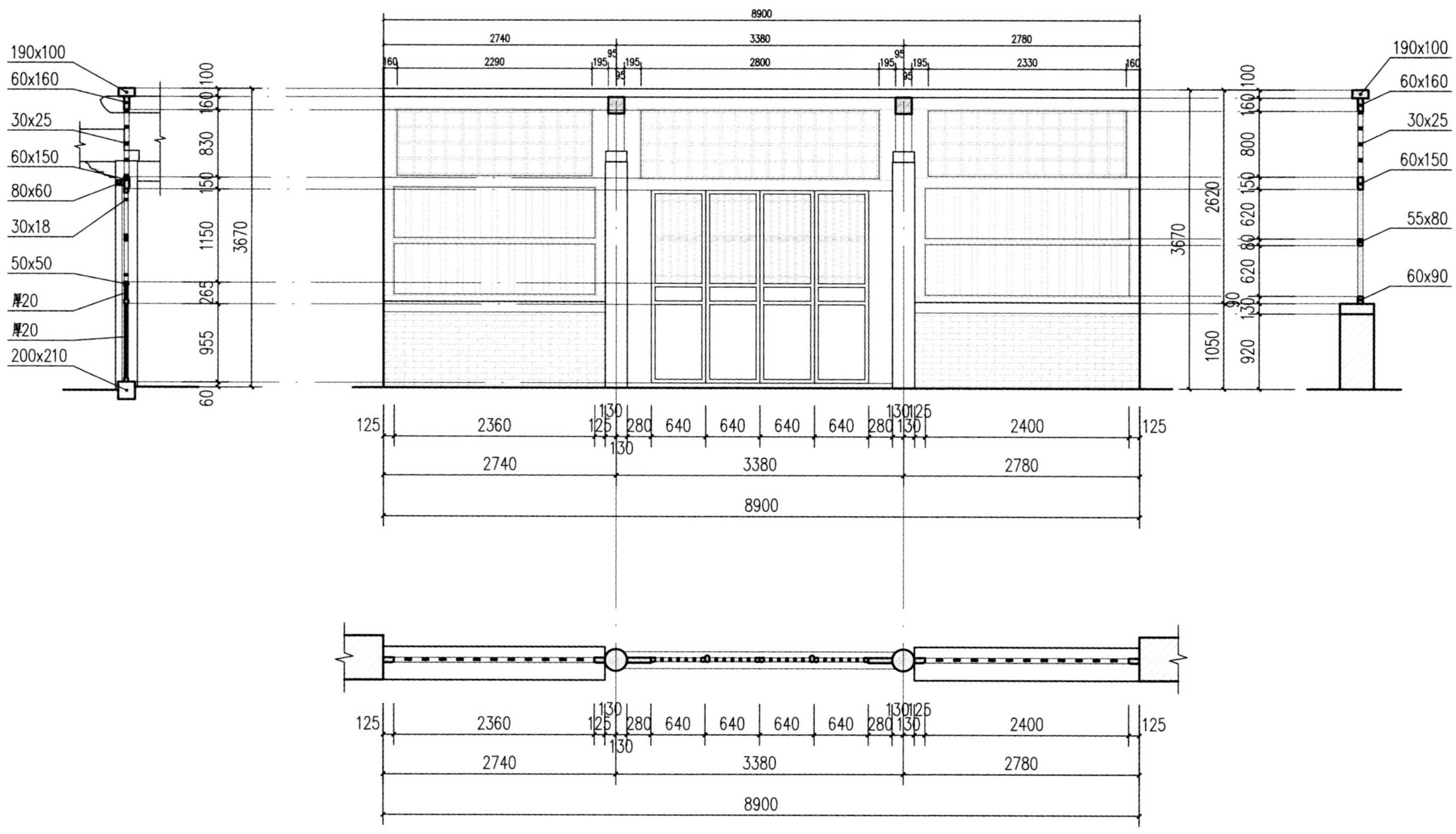

74 地藏阁二层装修大样图资料

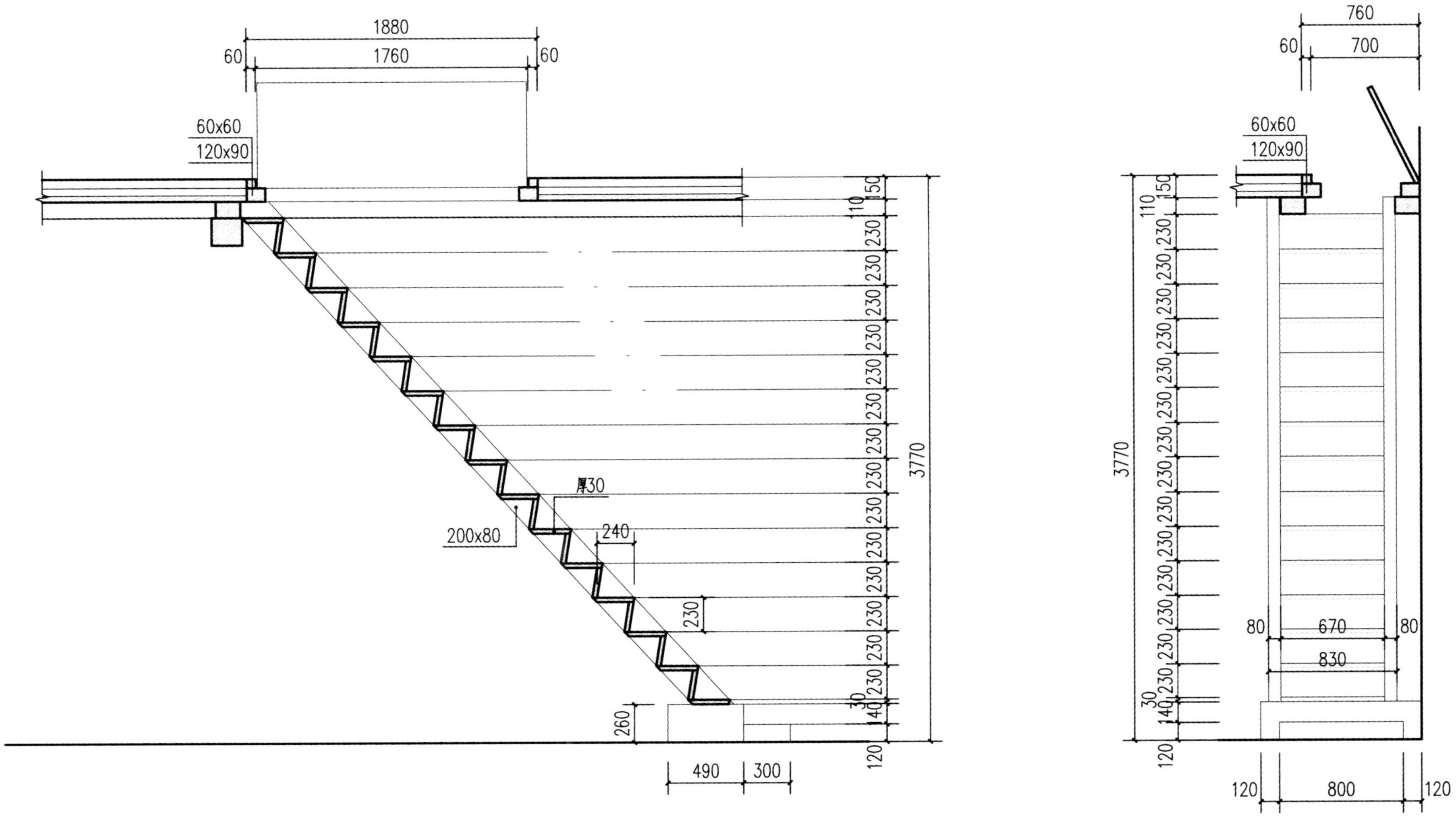

75 地藏阁楼梯大样图资料

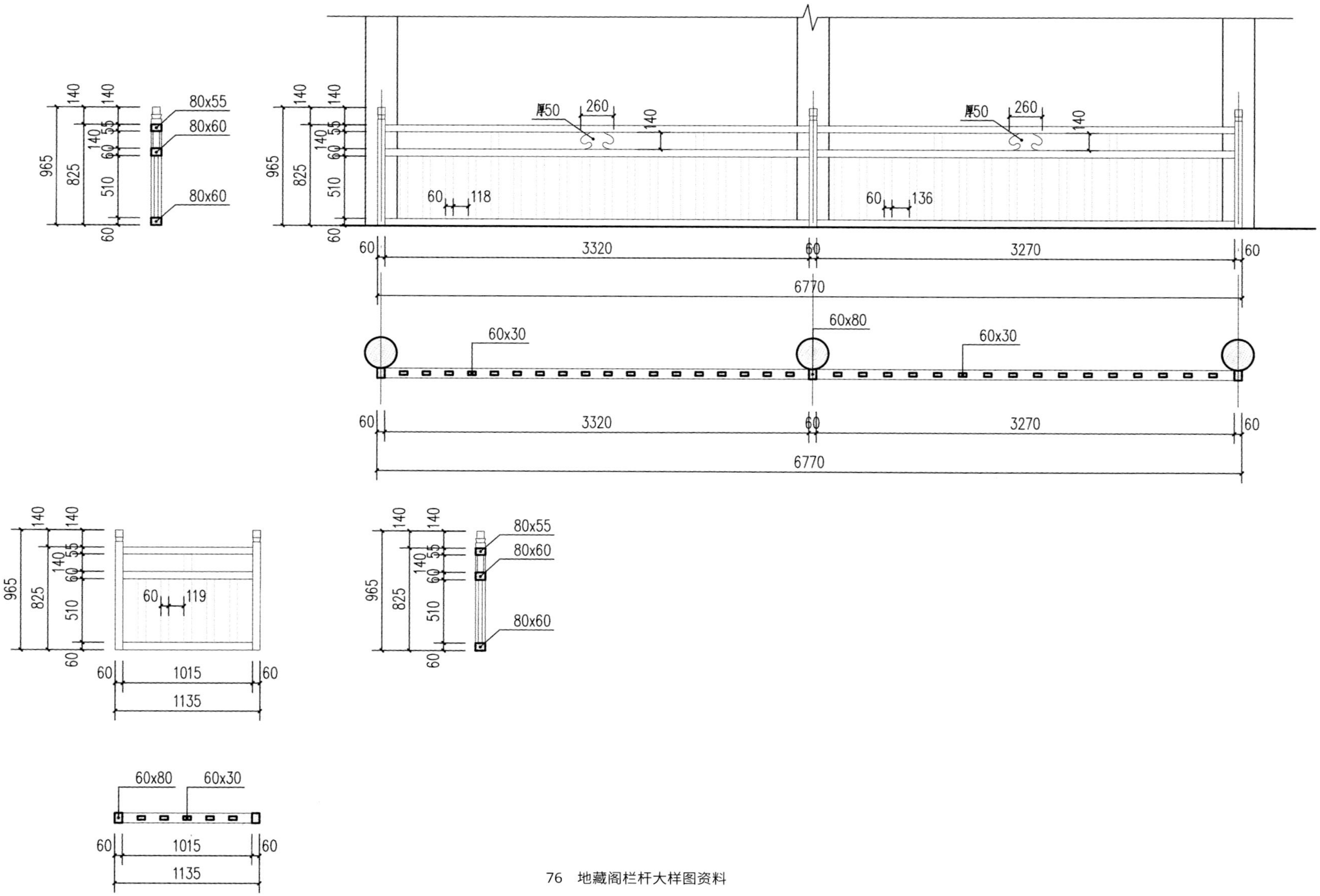

76　地藏阁栏杆大样图资料

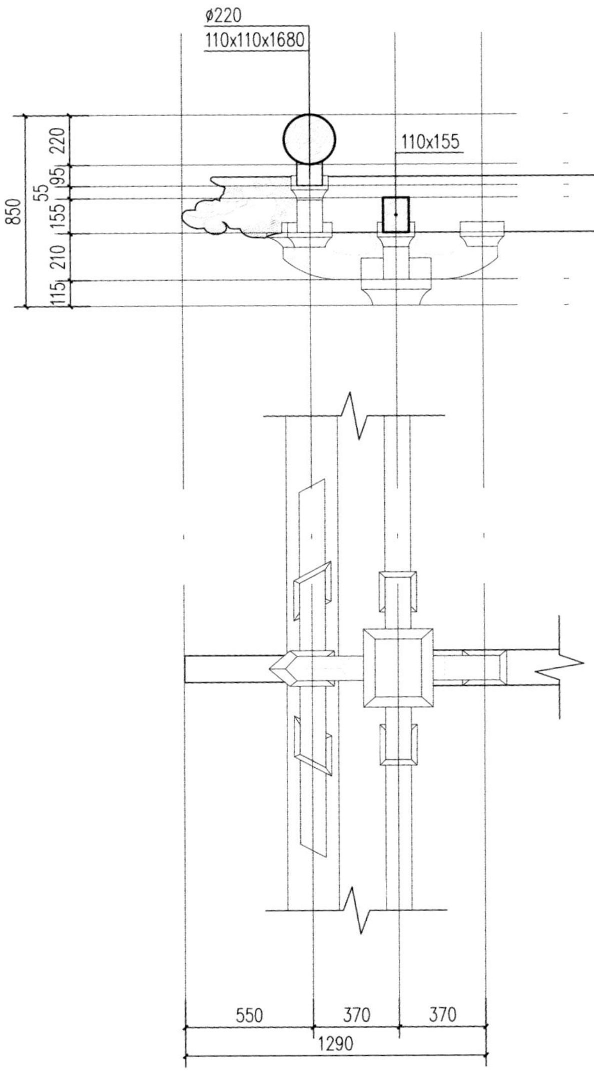

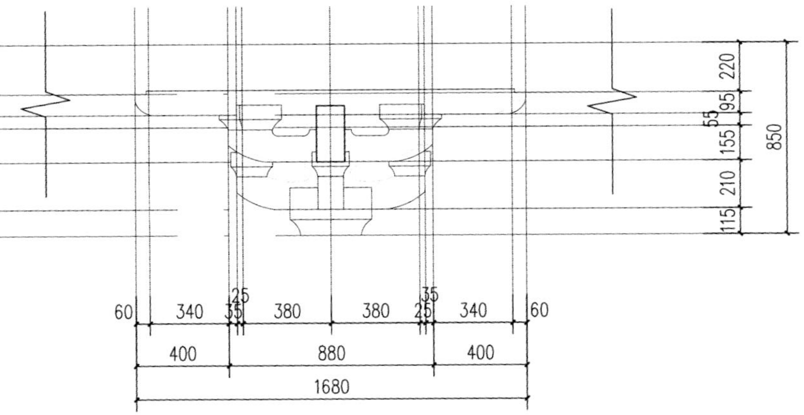

斗子尺寸表：

名称	上宽	下宽	上深	下深	耳	平	齐	总高	备注
大斗	350	260	300	200	95	45	70	210	
槽升子	180	130	160	110	45	20	45	110	
十八斗	160	110	190—280	130—180	45	20	45	110	

栱子尺寸表：

名称	长	材宽	材高	上留	平出	备注
正心瓜栱	810	110	210	70	50	足材
正心枋	—	110	155	—	—	
厢栱	760—880	110	145	70	140	单材

77　地藏阁斗栱大样图资料

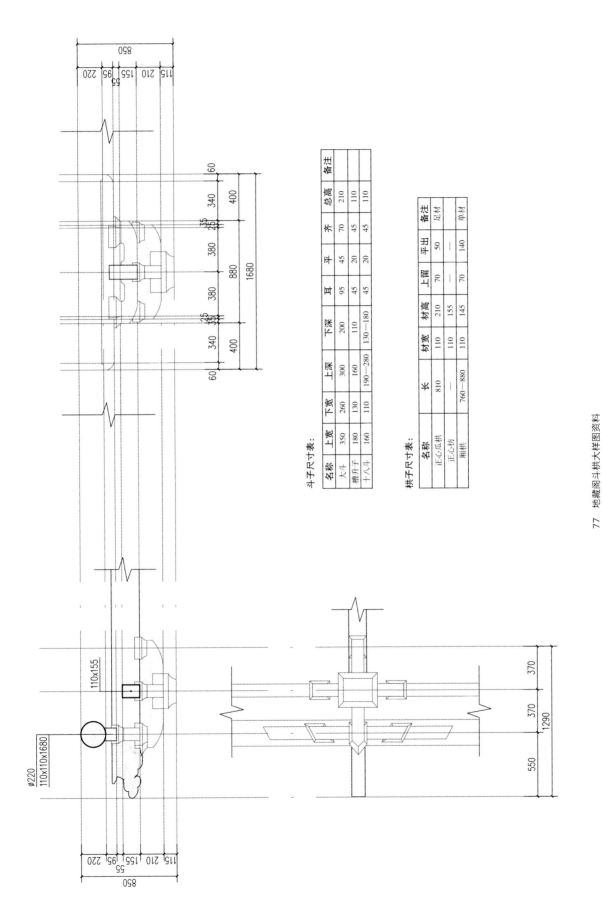

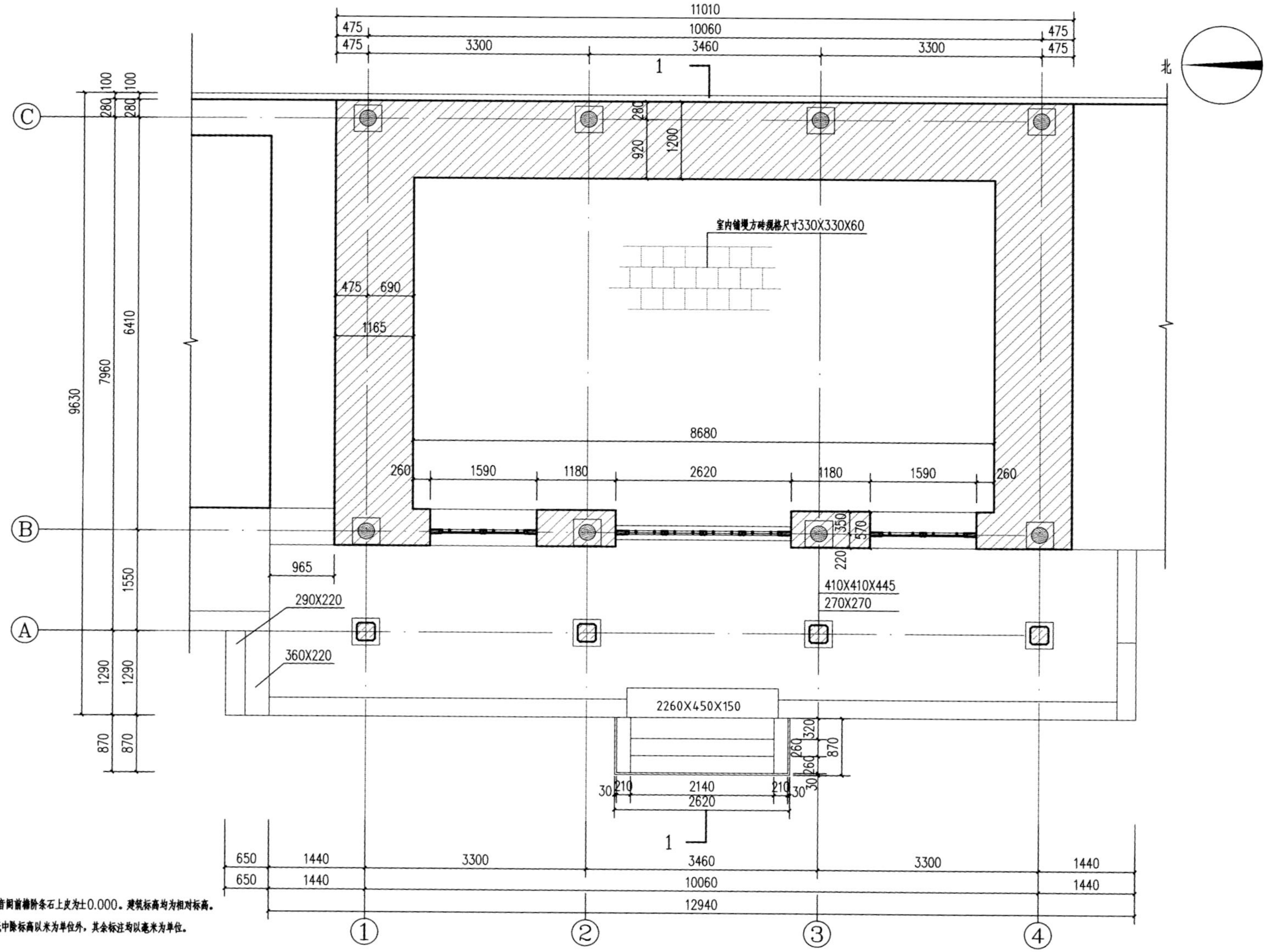

注：1. 以观音阁前檐阶条石上皮为±0.000。建筑标高均为相对标高。
2. 图纸中除标高以米为单位外，其余标注均以毫米为单位。

78　观音阁一层平面图资料

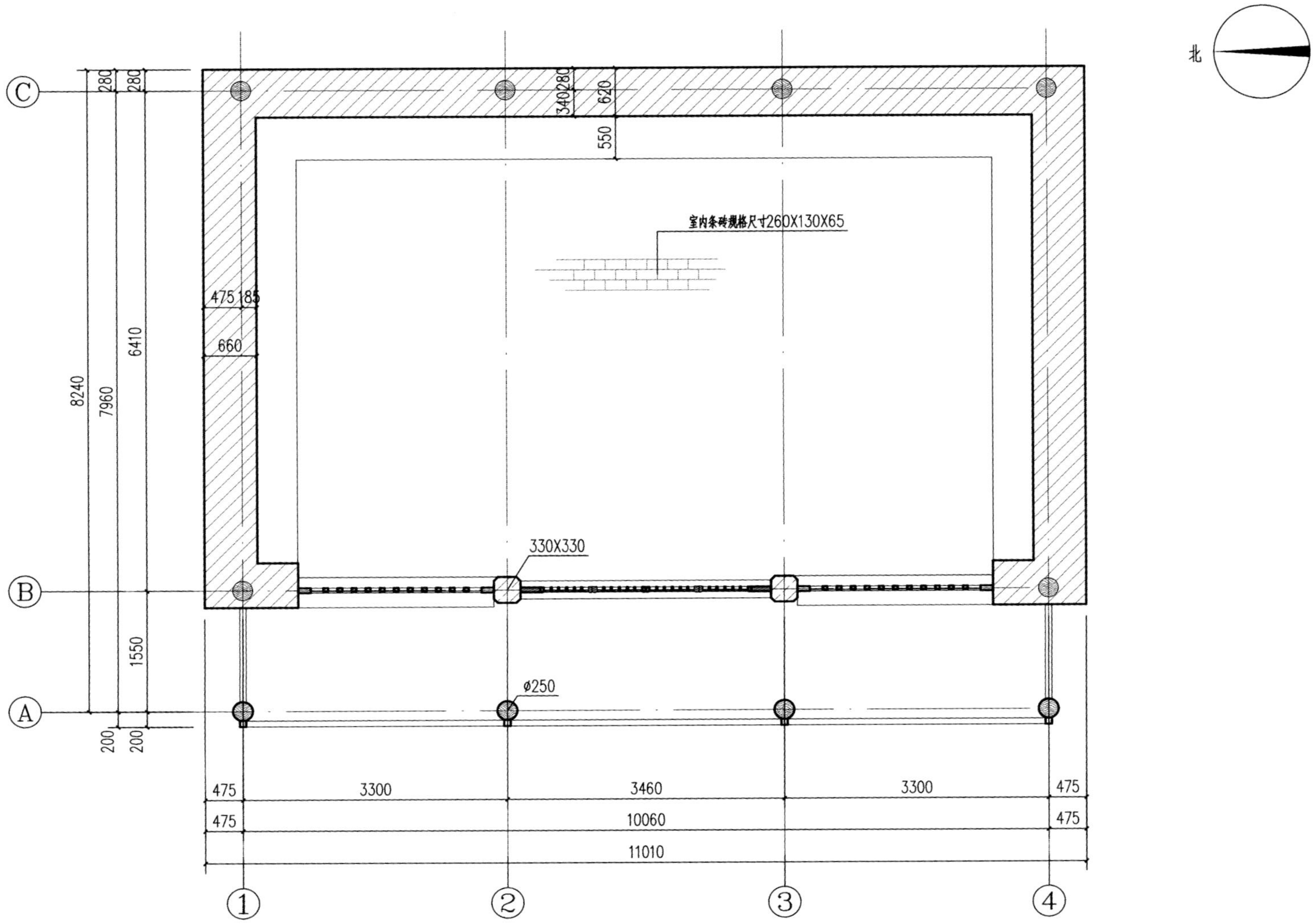

注：1.以观音阁前檐阶条石上皮为±0.000。建筑标高均为相对标高。

2.图纸中除标高以米为单位外，其余标注均以毫米为单位。

79　观音阁二层平面图资料

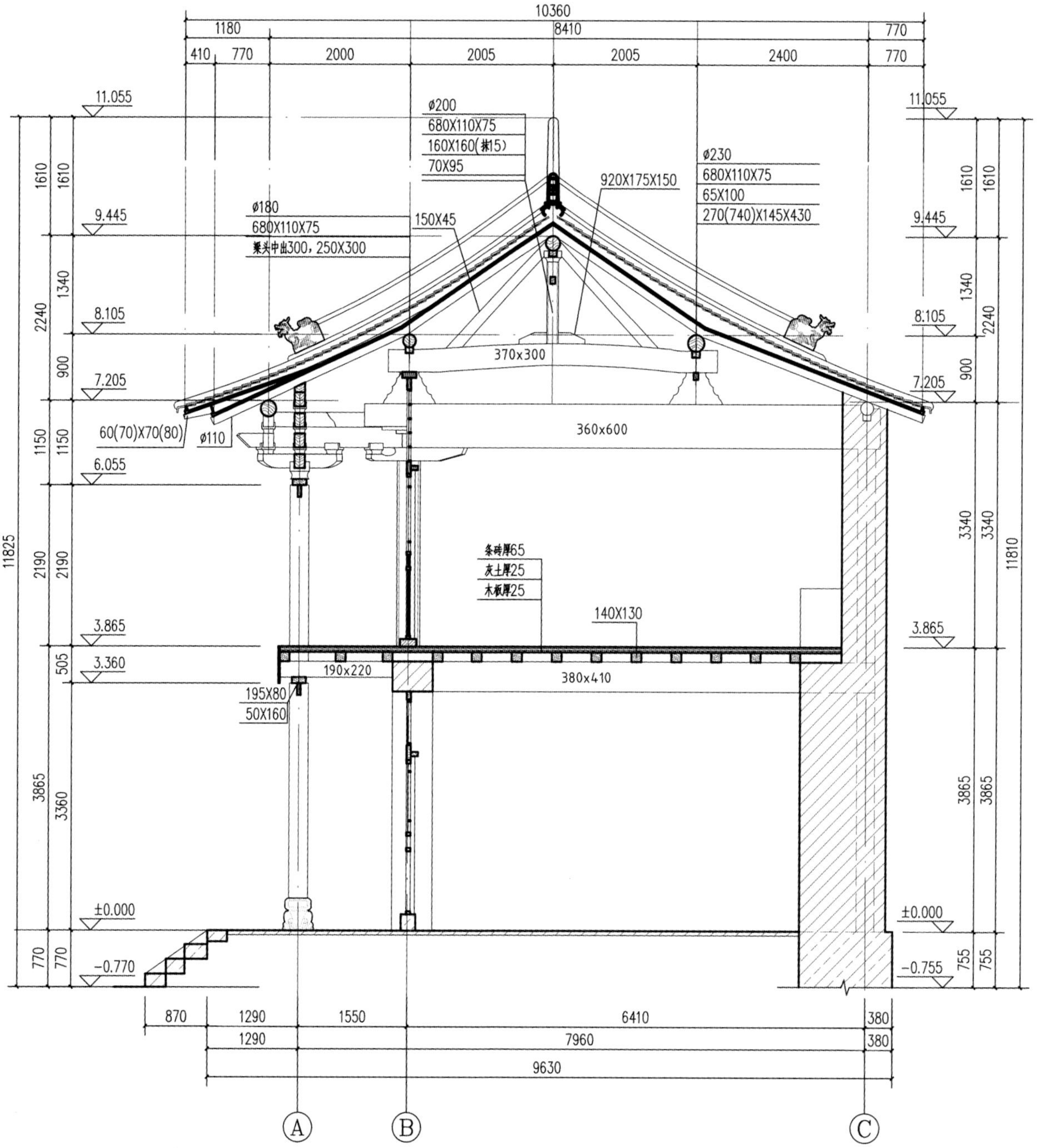

注：1.以观音阁前檐阶条石上皮为±0.000。建筑标高均为相对标高。

2.图纸中除标高以米为单位外，其余标注均以毫米为单位。

80 观音阁 1-1 剖面图资料

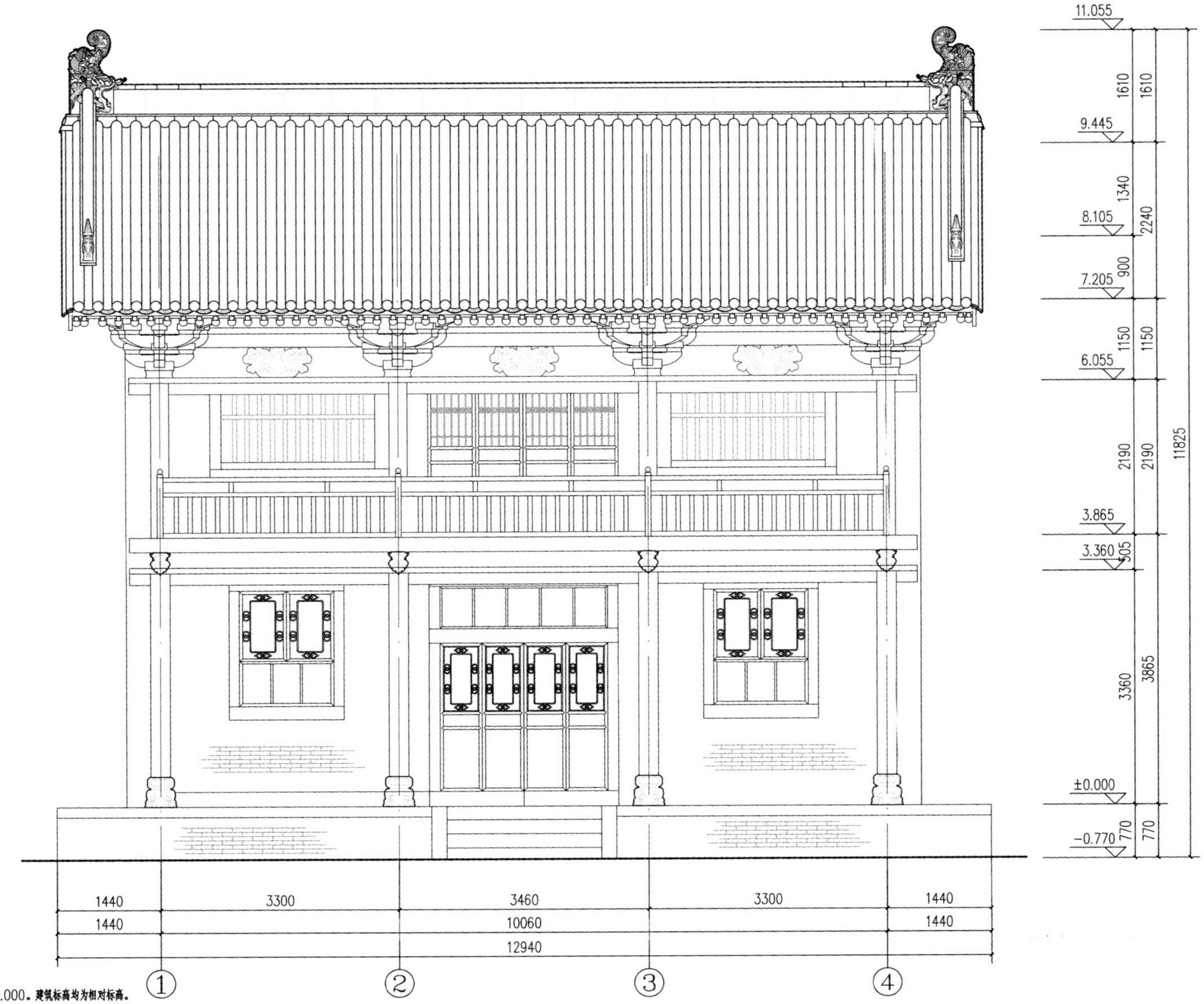

注：1. 以观音阁前檐阶条石上皮为±0.000。建筑标高均为相对标高。
2. 图纸中除标高以米为单位外，其余标注均以毫米为单位。

81　观音阁正立面图资料

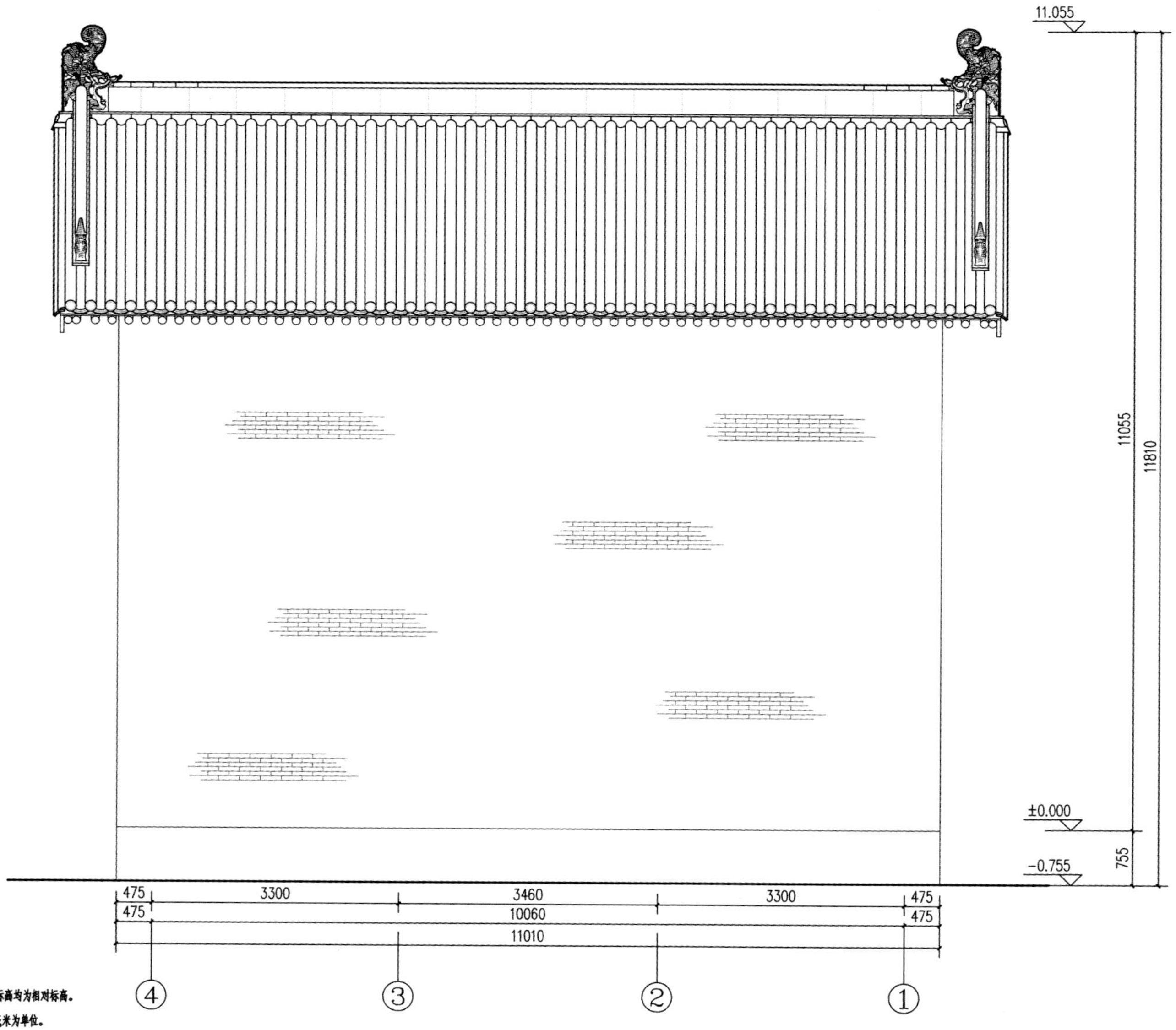

注：1.以观音阁前檐阶条石上皮为±0.000。建筑标高均为相对标高。

2.图纸中除标高以米为单位外，其余标注均以毫米为单位。

82　观音阁背立面图资料

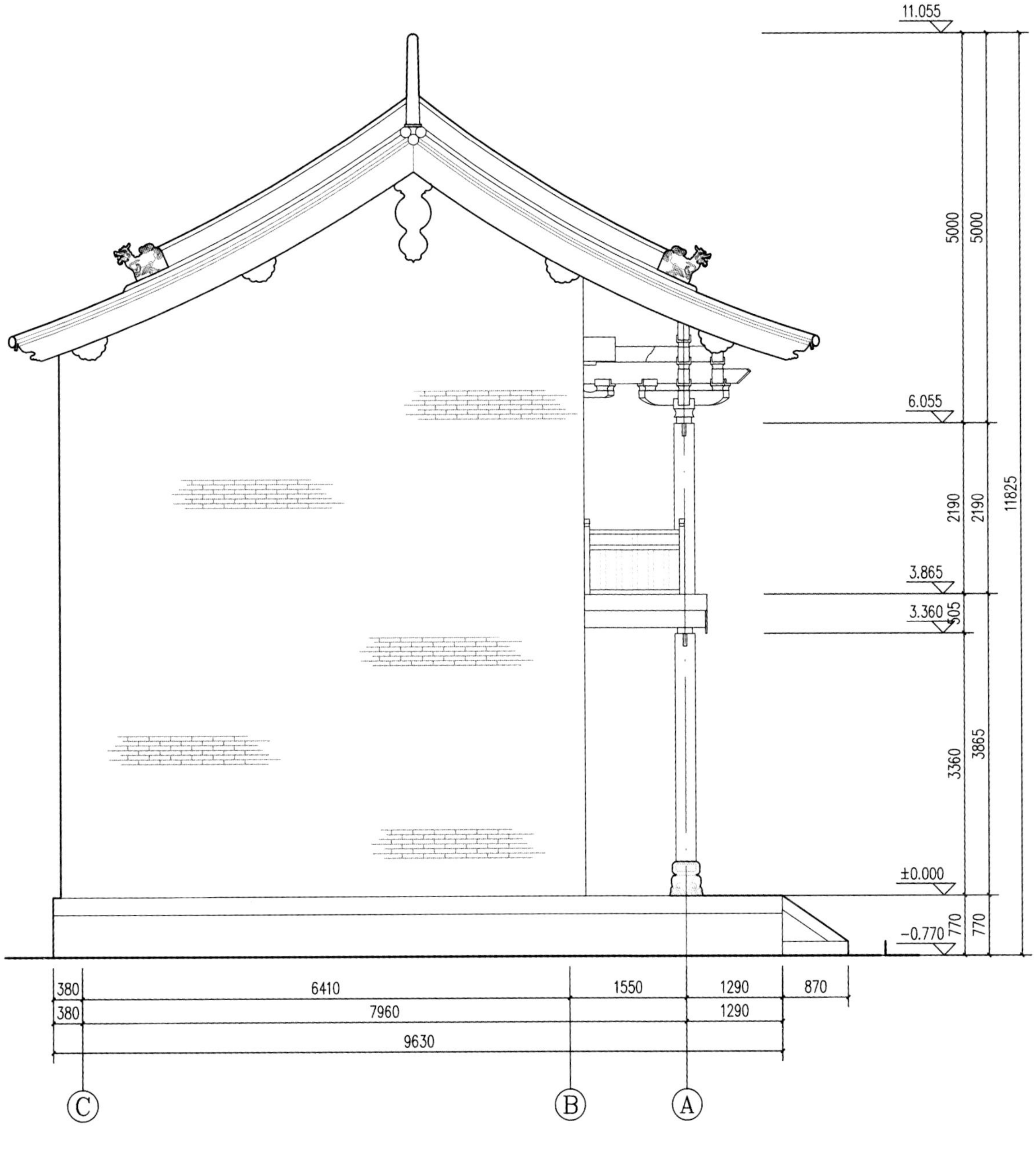

注：1.以观音阁前檐阶条石上皮为±0.000。建筑标高均为相对标高。

2.图纸中除标高以米为单位外，其余标注均以毫米为单位。

83　观音阁侧立面图资料

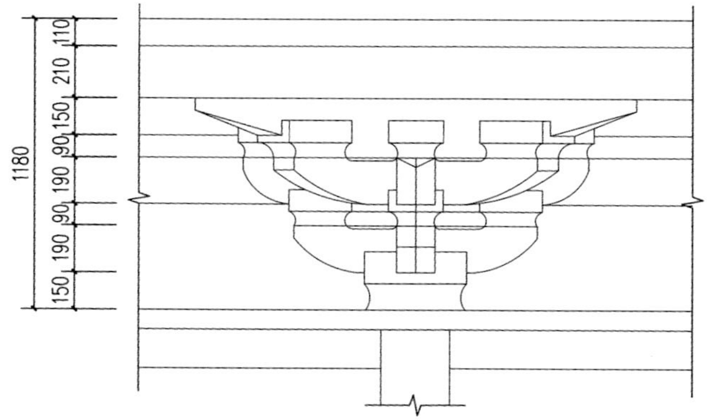

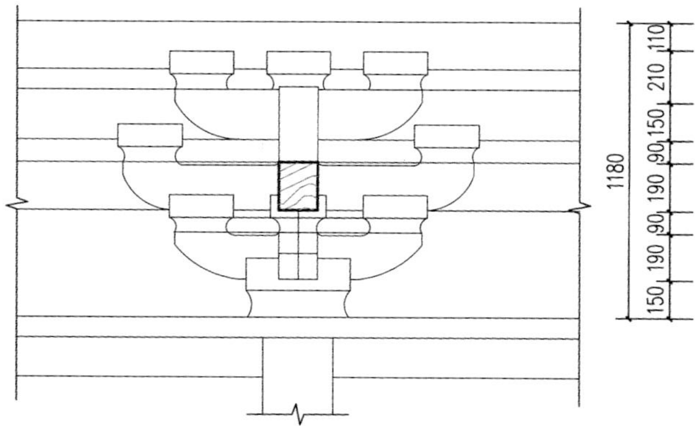

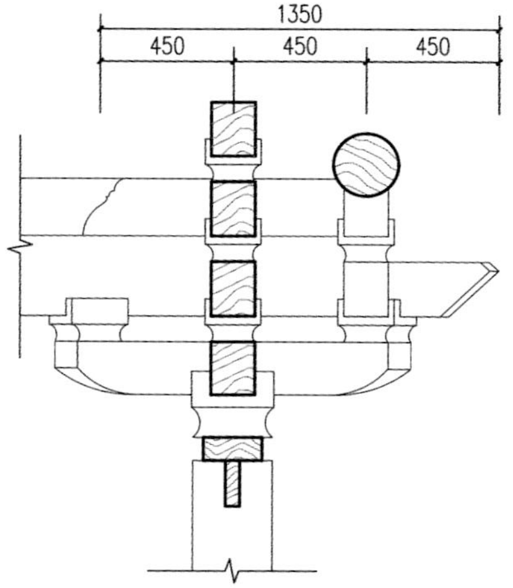

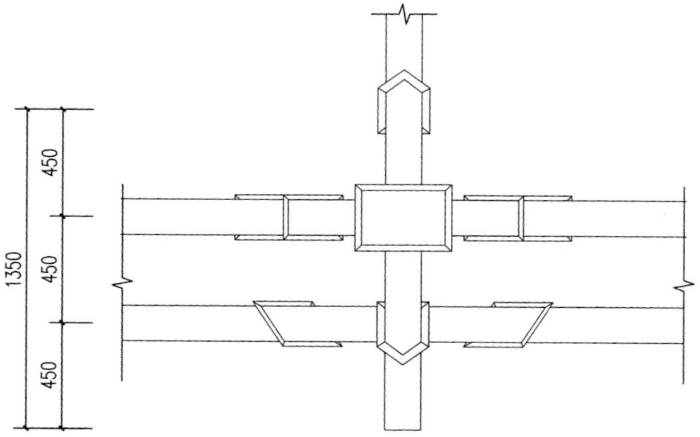

名称	上宽	下宽	上深	下深	耳	平	齐	顱
栌斗	400	390	280	270	85	45	105	40
散斗	245	205	190	150	60	30	60	20
交互斗	245	205	190	150	60	30	60	20

名称	长	宽	高	上留	平出	瓣	用材	备注
泥道栱	930	150	190	95	110	0	单材	
慢栱	1350	150	190	95	410	0	单材	
令栱	930—1100	150	280	95	110	0	单材	
华栱	1205—1135	150	280	95	200	0	足材	雕花
耍头	中出 450	150	280					雕花
普拍枋		200	80					雕花
额枋		50	150					雕花
替木	1725	150	150					

84 观音阁斗栱大样图资料

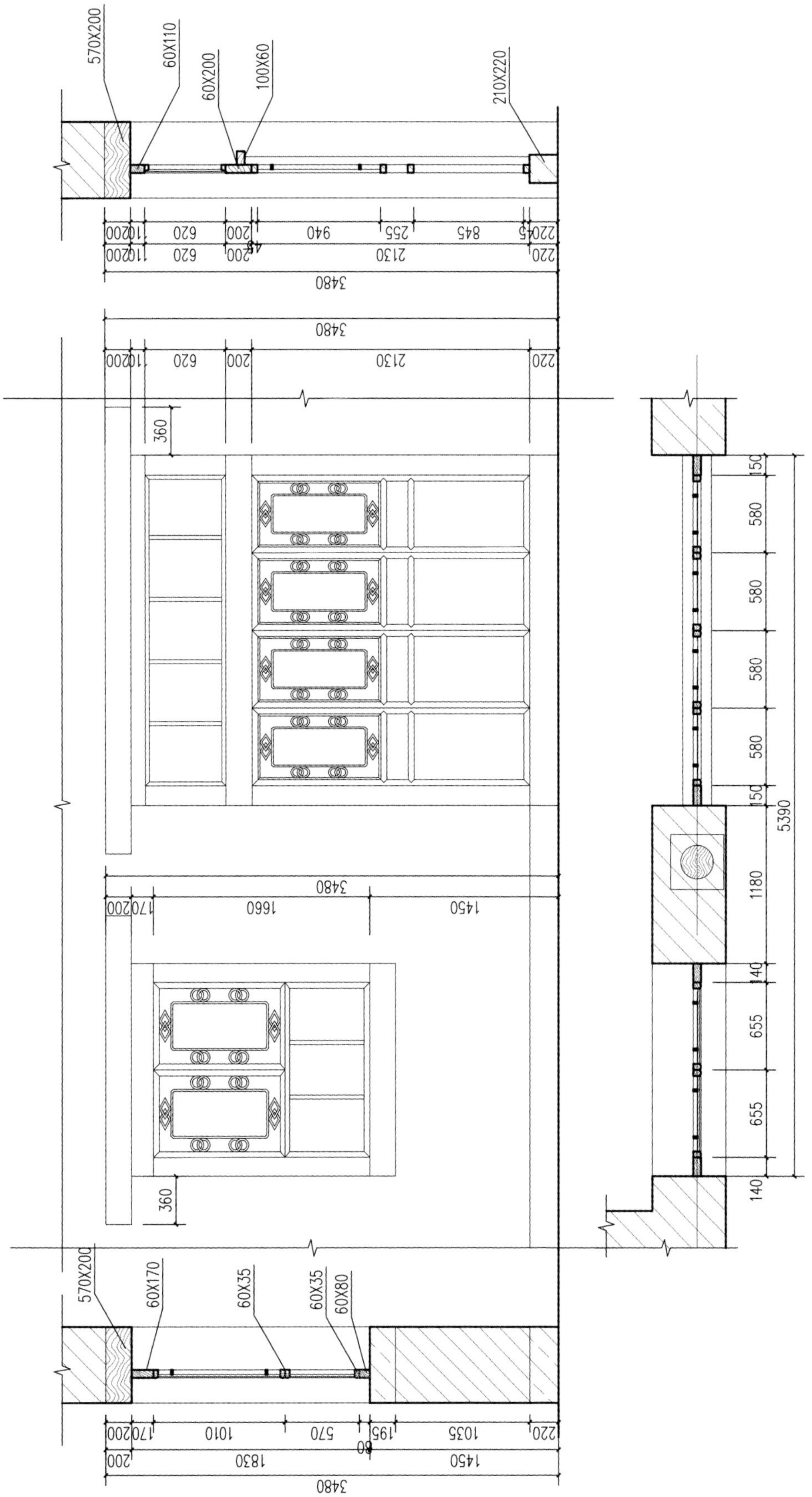

85 观音阁一层明次间装修大样图资料

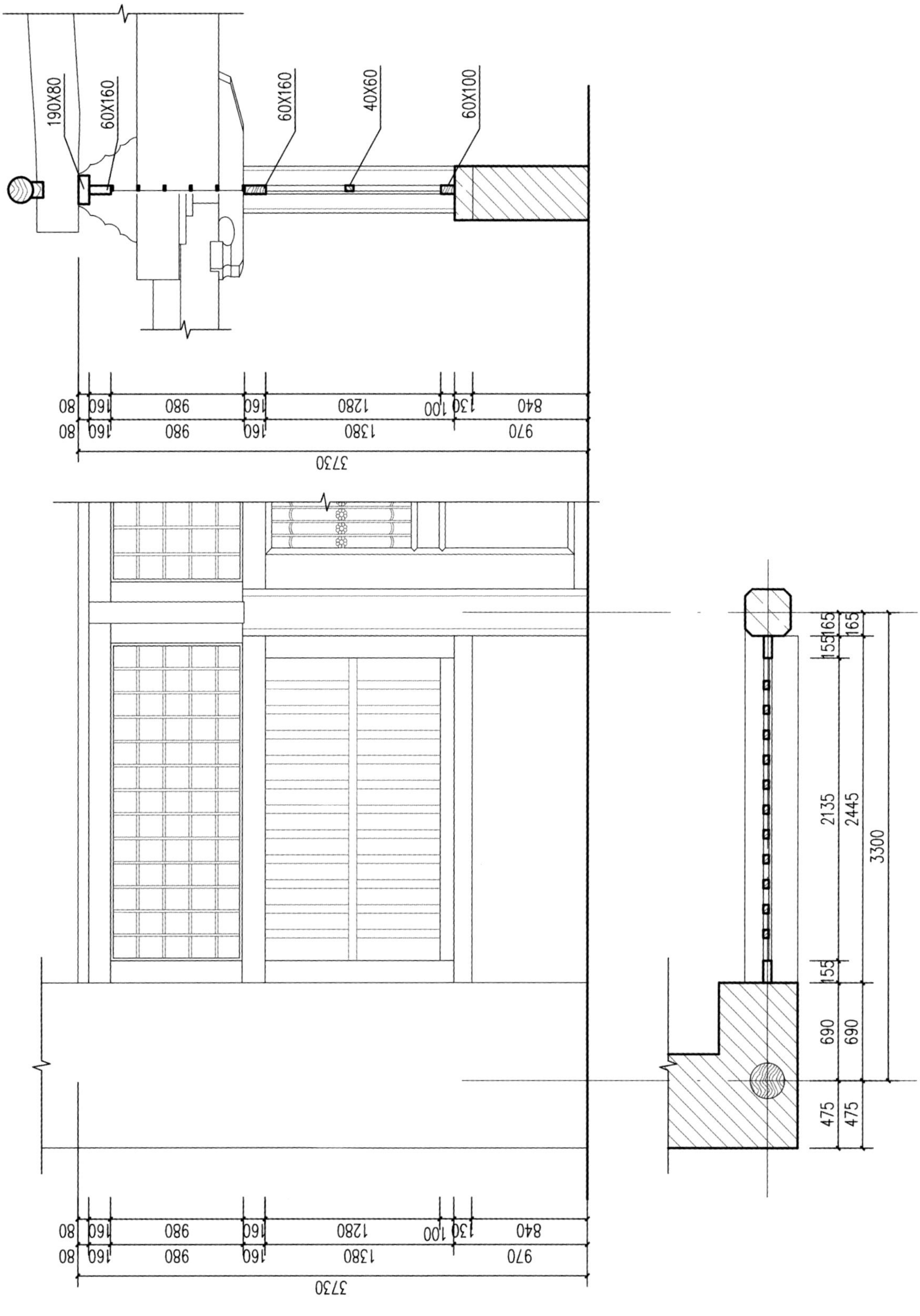

86 观音阁二层次间装修大样图资料

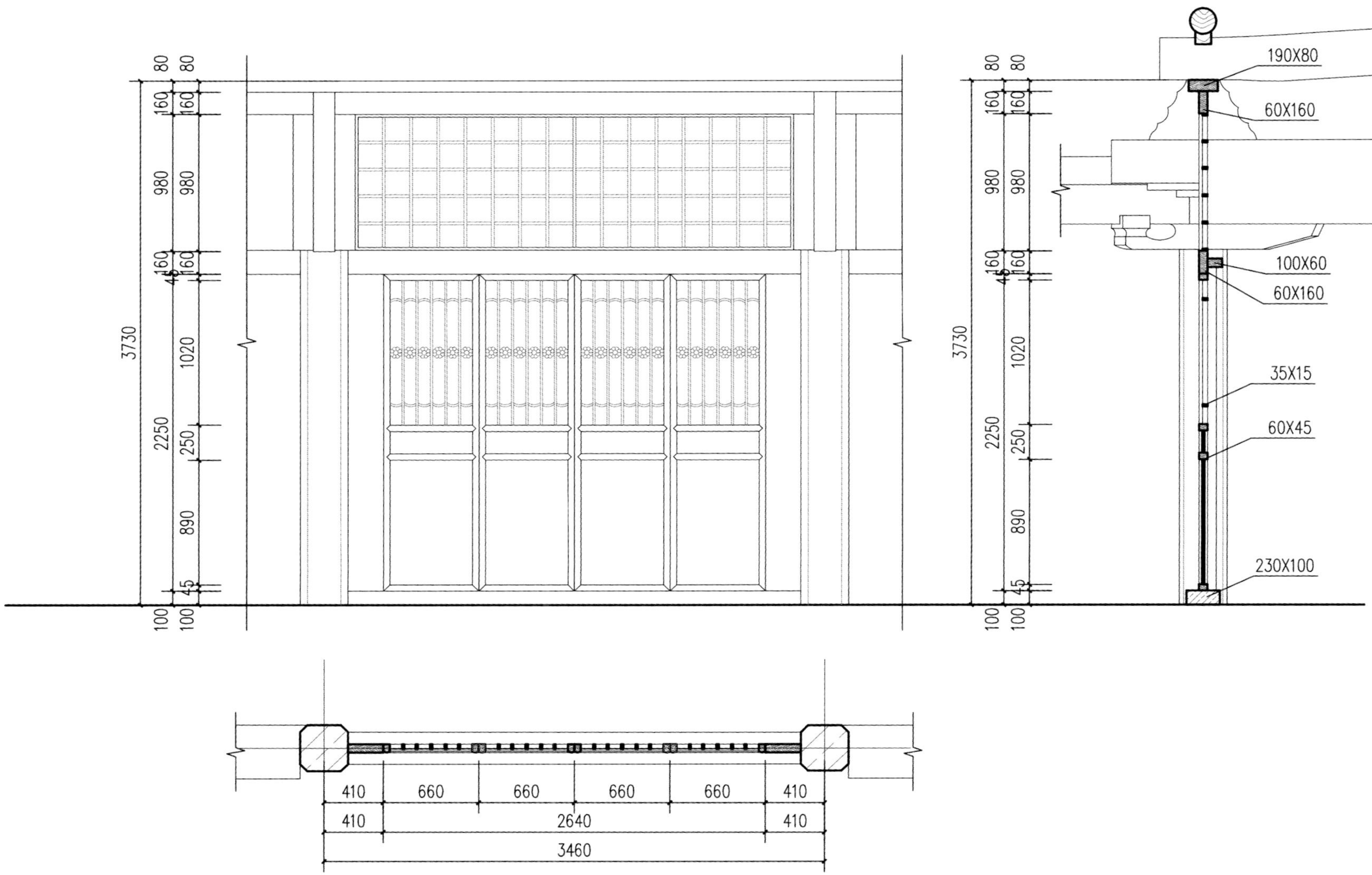

87 观音阁二层明间装修大样图资料

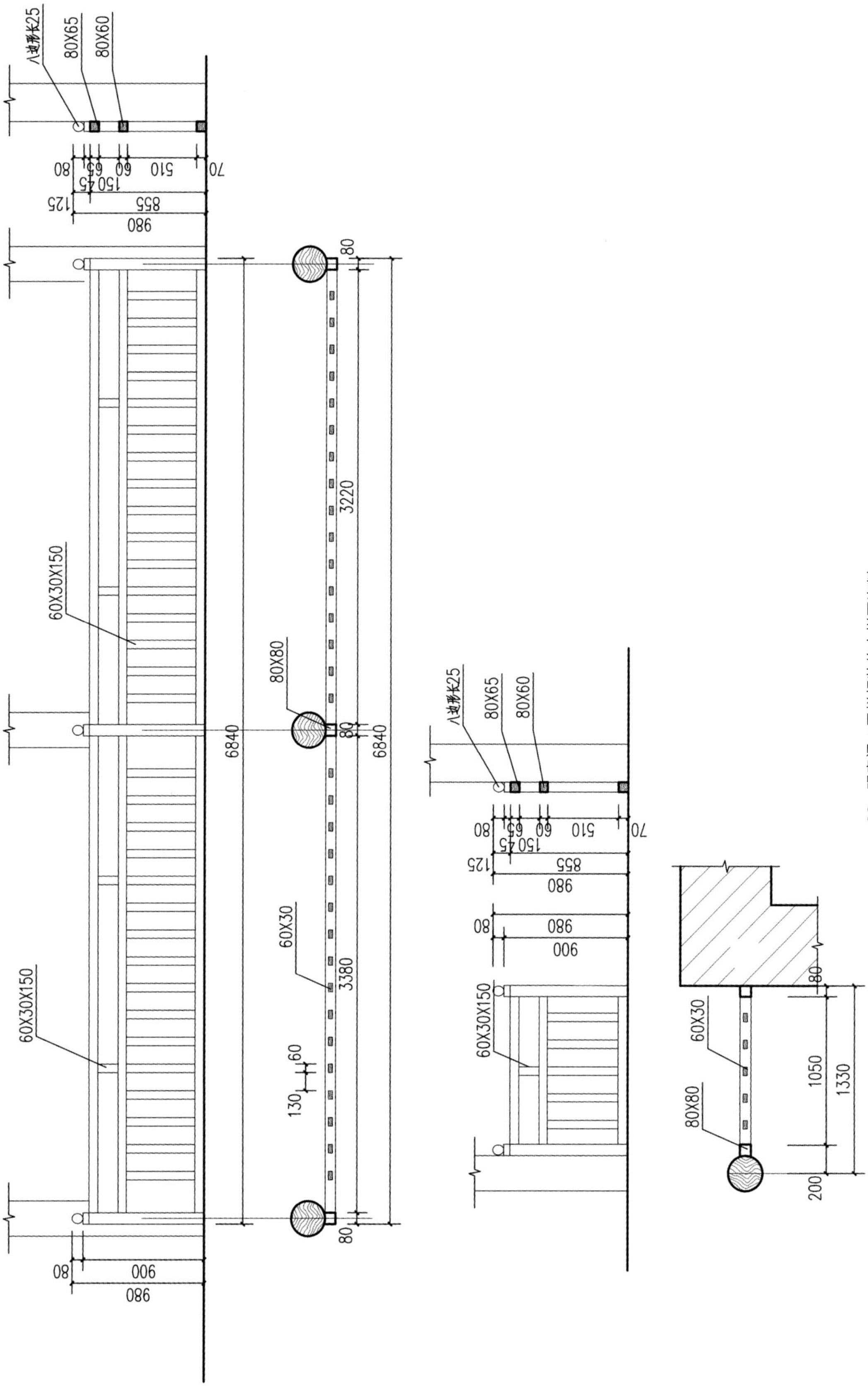

88 观音阁二层栏杆装修大样图资料

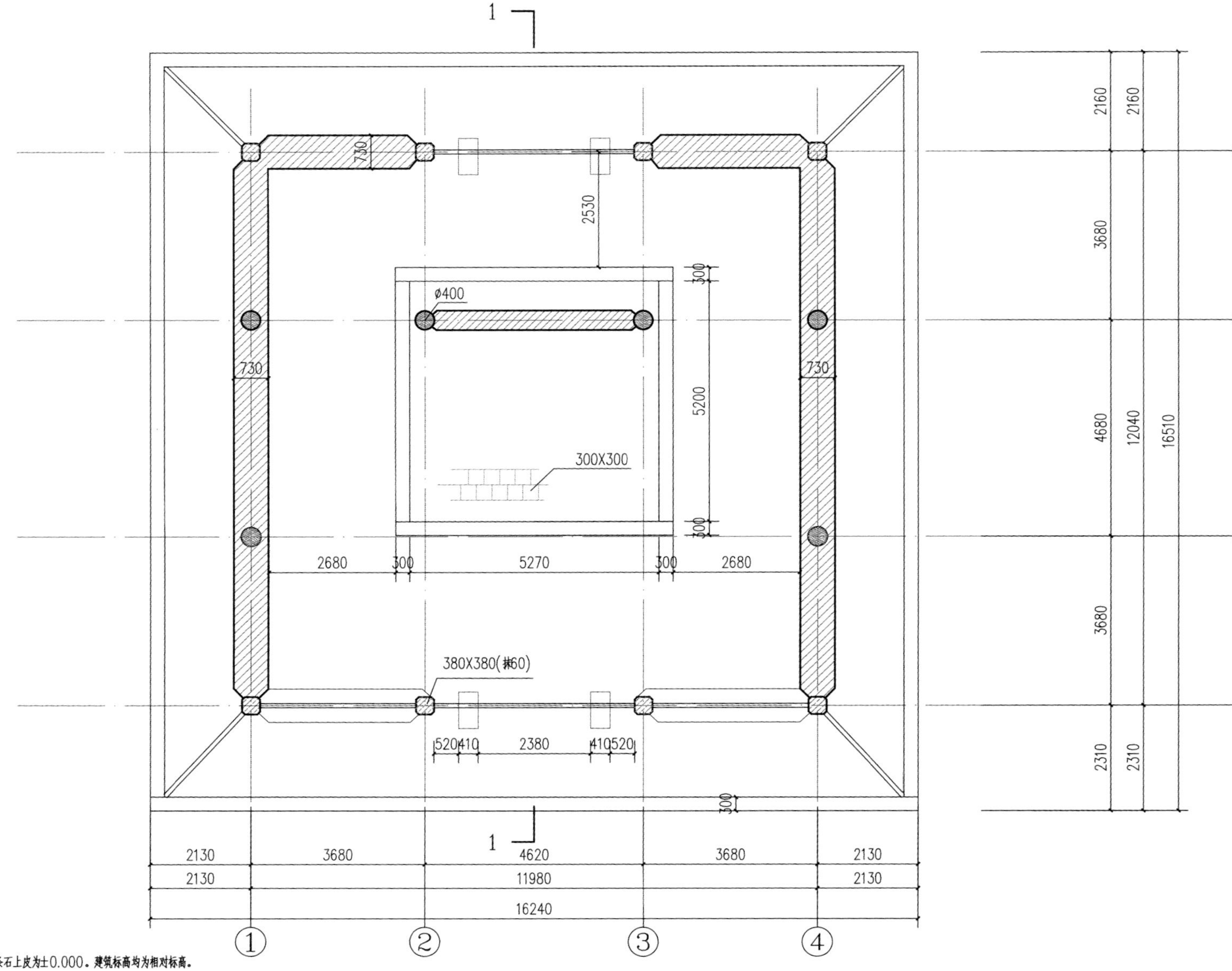

注：1.以释迦殿前檐阶条石上皮为±0.000。建筑标高均为相对标高。

2.图纸中除标高以米为单位外，其余标注均以毫米为单位。

89 释迦殿平面图资料

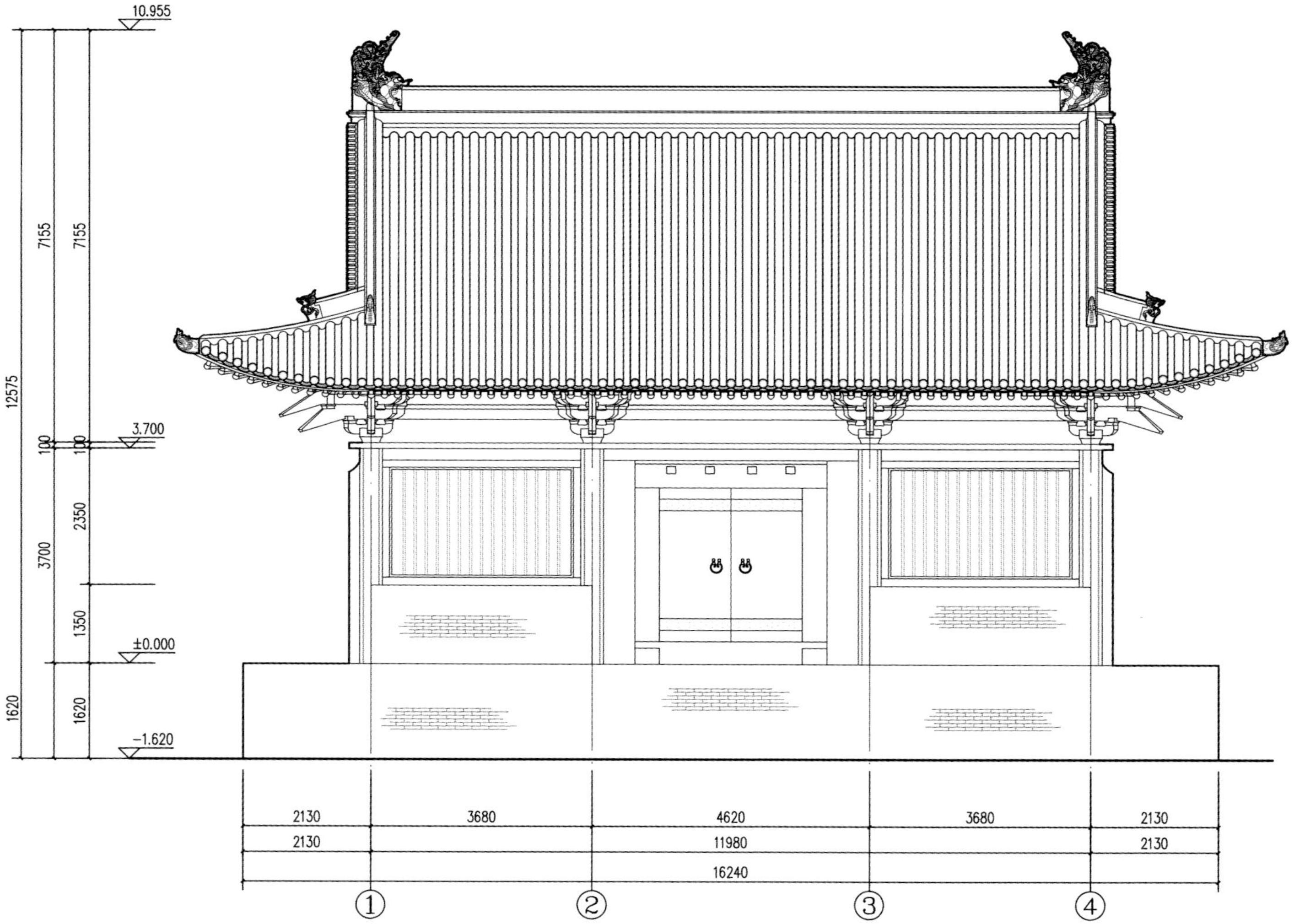

注：1. 以释迦殿前檐阶条石上皮为±0.000。建筑标高均为相对标高。

2. 图纸中除标高以米为单位外，其余标注均以毫米为单位。

90　释迦殿正立面图资料

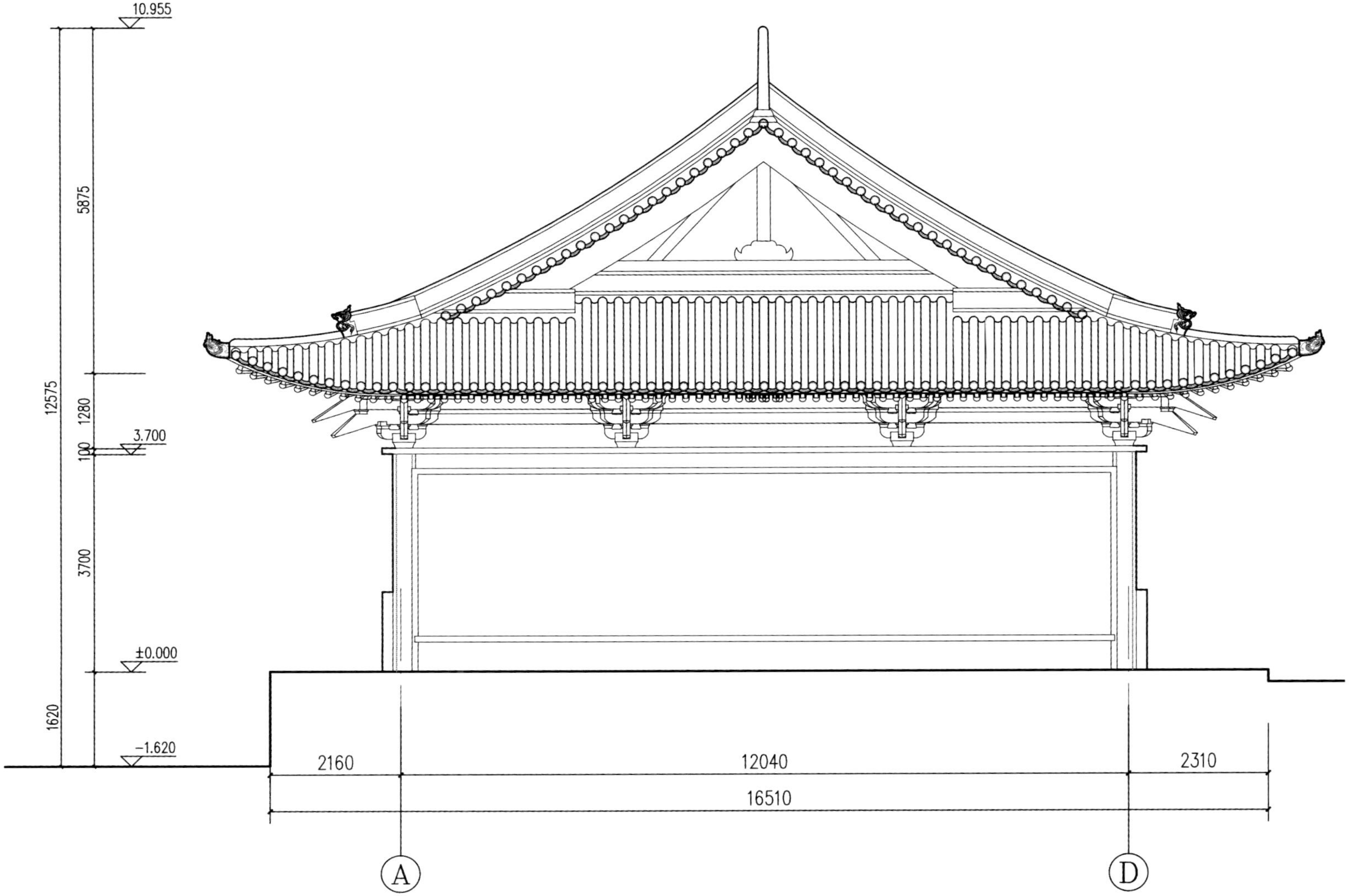

注：1. 以释迦殿前檐阶条石上皮为±0.000。建筑标高均为相对标高。

2. 图纸中除标高以米为单位外，其余标注均以毫米为单位。

91 释迦殿侧立面图资料

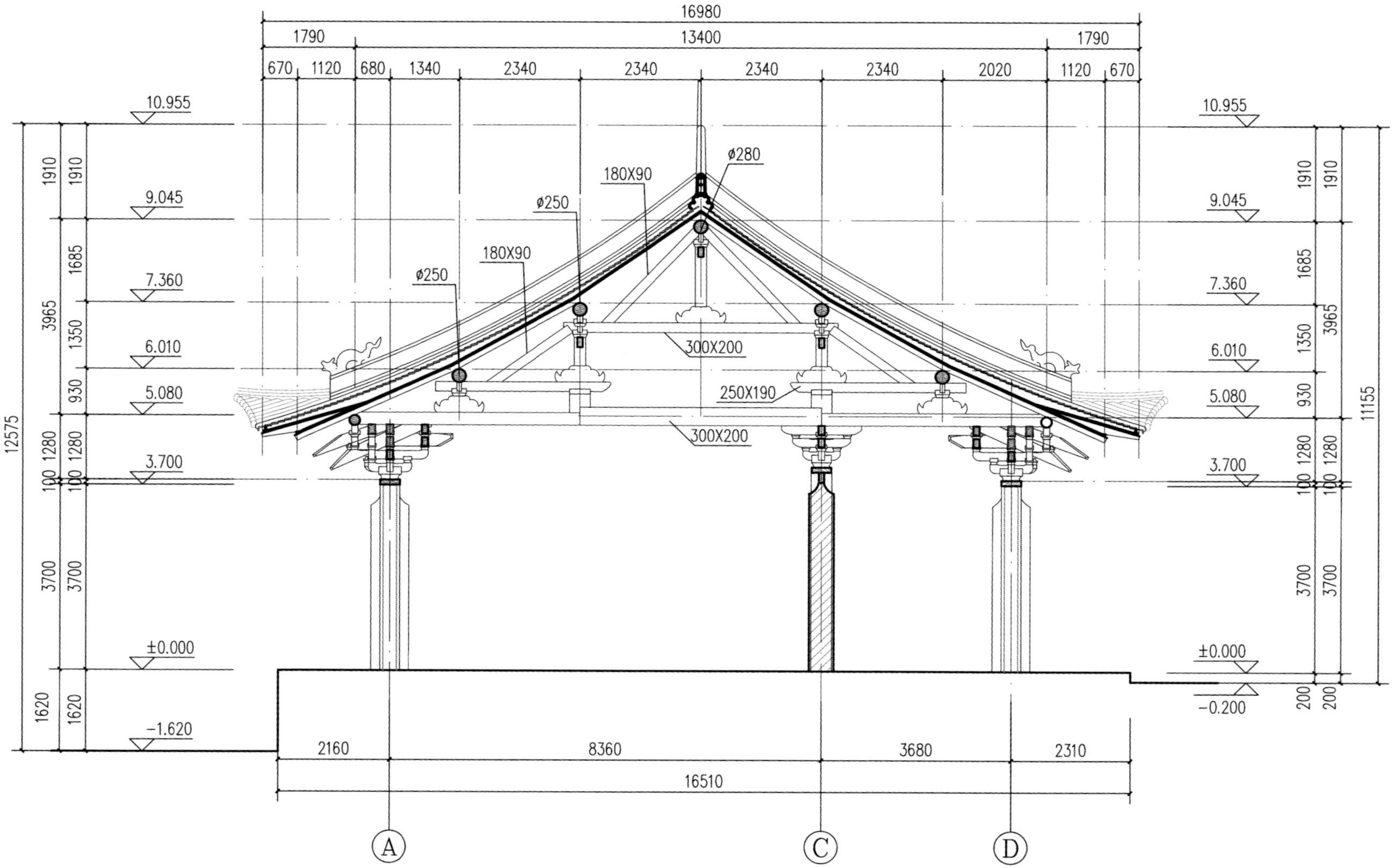

注：1. 以释迦殿前檐阶条石上皮为±0.000。建筑标高均为相对标高。

2. 图纸中除标高以米为单位外，其余标注均以毫米为单位。

92 释迦殿剖面图资料

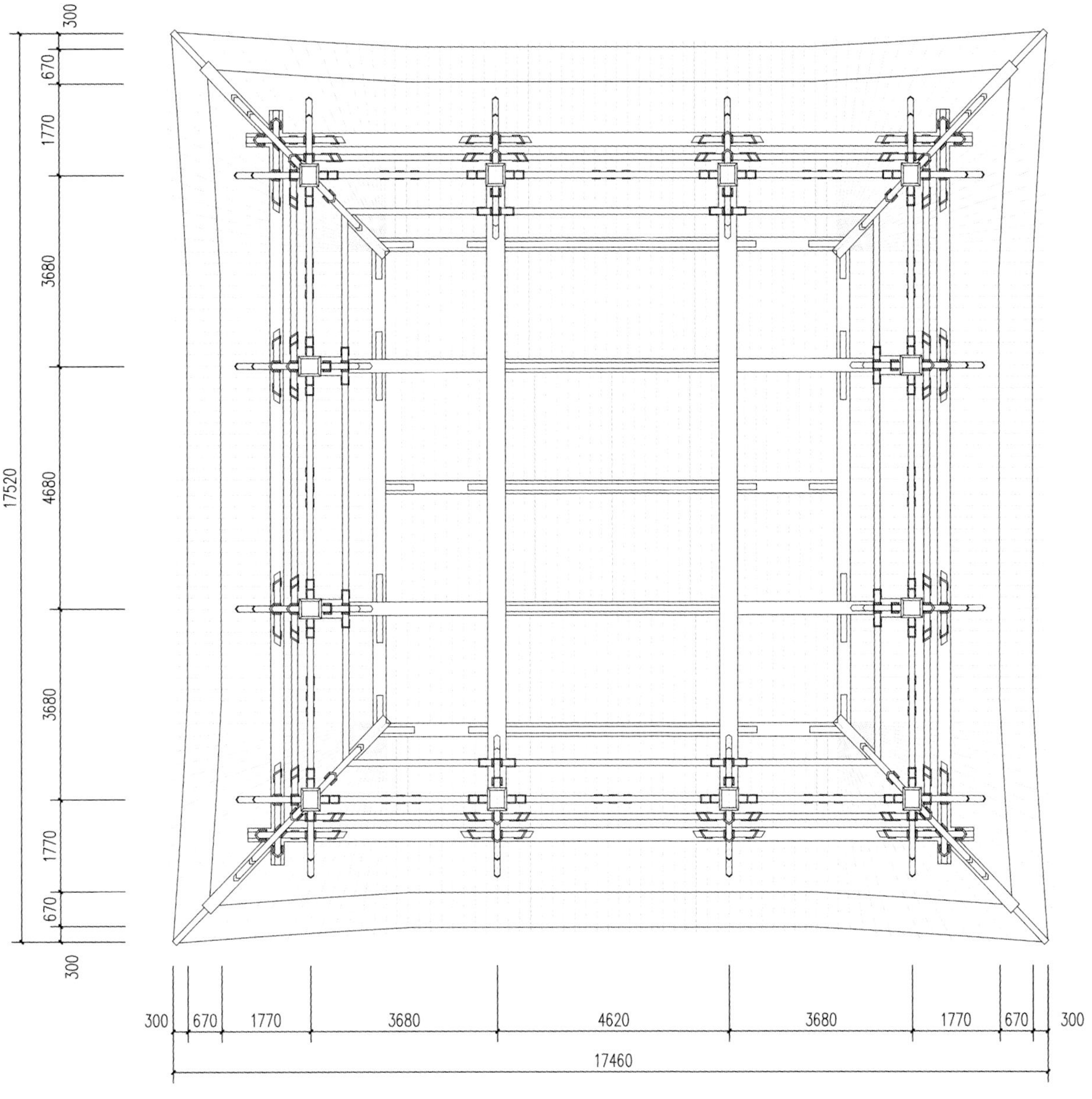

93　释迦殿屋顶仰视图资料

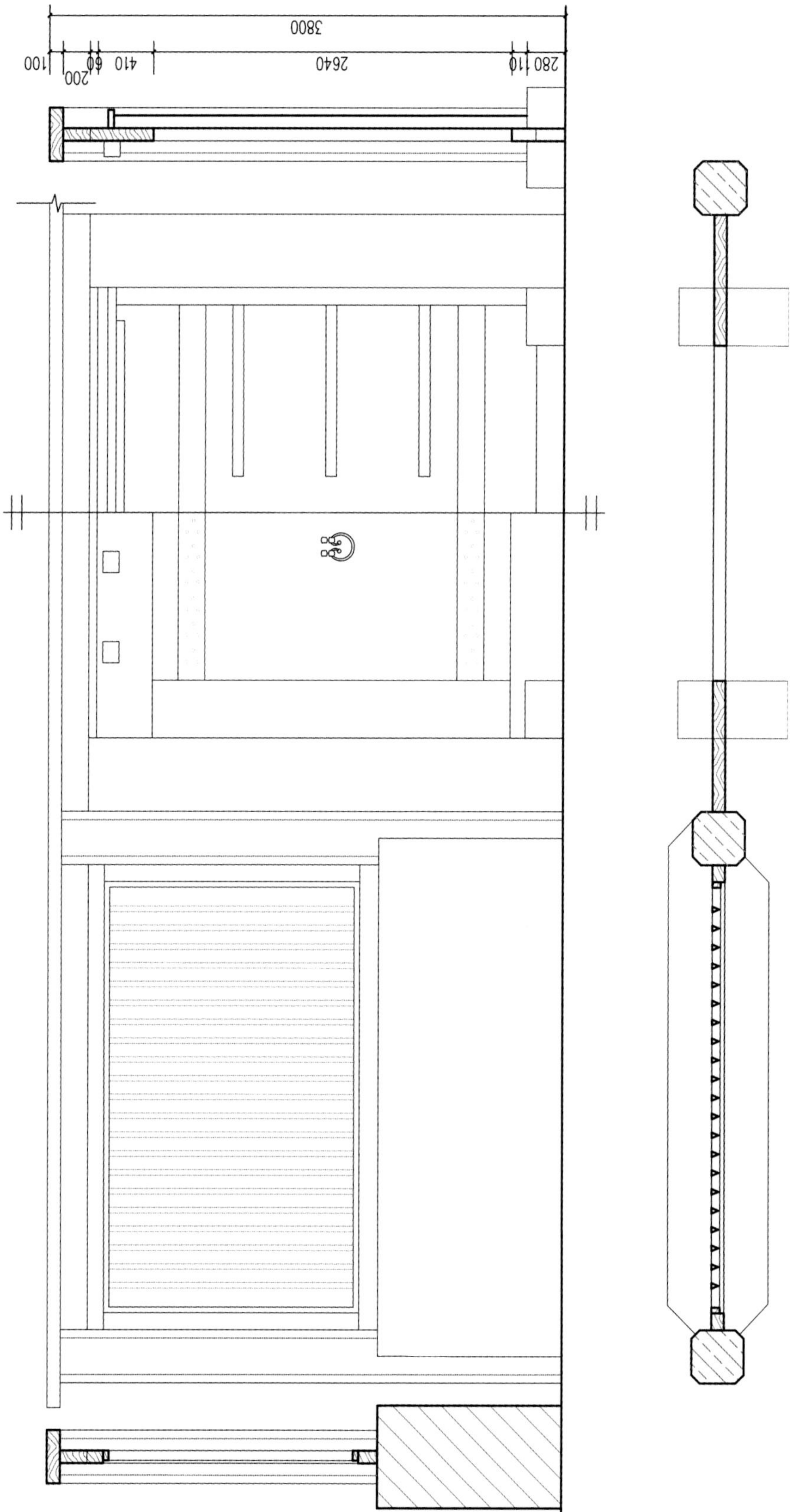

94 释迦殿门窗装修大样图资料

02 玉皇庙

玉皇庙 / YUHUANG MIAO

一、遗产概况

玉皇庙位于距晋城市区13公里的府城村北岗，于北宋熙宁九年（1076）创建，1988年1月13日被国务院公布为第三批全国重点文物保护单位。2007年之前，玉皇庙由晋城市文化局及当地博物馆等相关部门负责管理。2007年，玉皇庙文物管理处成立，负责玉皇庙的保护、管理、修缮、研究等工作。2020年底，玉皇庙文物管理处与晋城博物馆等单位合并为晋城市文物保护研究中心，2021年9月，更名为玉皇庙彩塑壁画博物馆。2022年6月，通过山西省文物局备案登记。

玉皇庙彩塑壁画博物馆总占地面积1万平方米，其中古建筑占地面积3520平方米。整体布局为长方形，共四进院落，南北长110米、东西宽32米，共有建筑114间，鳞次栉比，错落有致，是一座规模宏伟的古建筑群，为全国道教庙宇之佳作。庙内现存大量彩塑、木雕、石碑刻、古树、琉璃等历史文物，尤其是二十八宿彩塑，代表了中国古代雕塑艺术最高成就，被专家一致认为是“九州孤本，海内绝品”。

01 玉皇庙大门

玉皇庙自北宋熙宁九年（1076）创建以来，历经战乱损毁和日常损坏，以及村社信仰变化，于金代至清代进行了数次重修和扩建。根据庙内碑文记载，玉皇殿及耳殿、东西廊庑（现四进院）始建于北宋熙宁九年，金贞祐年间（1213—1217）因战乱“焚烬无几”。元太宗二年（1230），完葺正殿（玉皇殿）。至元二年（1265）开始，陆续原址重修西偏殿（四圣殿）、东偏殿（三垣殿）、西廊庑、三门（成汤殿）；至元十八年（1281），原址重修东廊庑并陆续修缮庙宇，到至元三十一年（1294）共增修三门夹室（东岳殿、三王殿）、下三门（二道山门）、两翼房（六瘟殿、地藏殿）和东西厢房（禁药王殿、五道殿、高禖祠、老君殿），并在各殿彩绘塑像近百尊；至正十五年（1355），修葺玉皇庙各殿并创建东西廊庑（现一进院）。明正统十一年（1446），重修玉皇殿并创修献殿；正统十二年（1447），修缮四圣、三官之殿和东西列宿真君诸殿。天顺年间（1457—1464），泽州孙太守率百人在玉皇庙祈雨感应，“重修殿廊，钱力浩大”。嘉靖三十二年（1553），宣宁王府仪宾、宣宁昭荣王外祖父、府城续恒出资重修玉皇庙并创建钟鼓楼。万历十九年（1591），前凤阳府同知林一桂创建门屏（头道山门），至此玉皇庙大致布局与今基本相同。明万历四十五年（1617）、清康熙二十七年至三十三年（1688—1694）均有重修。康熙三十七年（1698），增建咽喉祠三楹；康熙四十一年（1702），重修广生祠（高禖祠）并金妆塑像。雍正五年（1727），重修二十八宿殿并重妆塑像；雍正八年（1730），“妆修中院上帝之像并二门、钟鼓两楼”；雍正十一年（1733），重修玉皇殿、拜殿、外院禅舍、山门并金妆塑像。乾隆二十九年（1764），重修玉皇殿、诸神殿（成汤殿）、钟鼓楼、乐仪台以及山门，并在山门南侧创修戏楼五间；乾隆六十年（1795），重修诸神殿并中院山门、拜殿、风王殿、龙王殿以及前院监斋殿。嘉庆九年（1804），重修二十八宿殿南三间；嘉庆十二年（1807），重修马王殿；嘉庆十三年（1808），重修高禖祠；嘉庆九年（1804）至十七年（1812），重修“正殿、中央、文昌、蚕神，大门、二门、钟鼓楼、内外舞楼”，改建“中央站台、前院东西禅室、左右客堂，内外阶陛”；嘉庆十九年（1814），创修碑廊。光绪十六年（1890），重修钟鼓楼。1983 年，增建山门外围及东跨院等建筑。1990 年，揭顶维修二十八宿殿、六瘟殿。2005 年，揭顶维修四圣殿。2008 年，山西南部早期建筑保护工程（以下简称南部工程）中对玉皇庙整体建筑进行修缮。2010—2013 年，对玉皇庙周边环境进行整治。2010—2014 年，实施玉皇庙彩塑及壁画保护修复工程。

二、建筑特点

玉皇庙建筑群采用中国传统的中轴线对称院落式布局，中轴线上由南向北依次为大门、头道山门、二道山门、成汤殿、献殿、玉皇殿。东西两侧为一进院碑廊、耳房；二进院配楼、文昌殿、咽喉祠、钟鼓楼；三进院东侧六瘟殿、五道殿、禁药王殿、东岳殿，西侧地藏殿、老君殿、高禖祠、三王殿；四进院东侧风伯殿、十三曜星殿、关帝殿马厩、蚕神殿、太尉殿，西侧雨师殿、十二元辰殿、二十八宿殿；玉皇殿东侧三垣殿、西侧四圣殿。这些建筑由南向北，随着地势增高分布于中轴线及两侧，围合成几个院落，共同构成一座完整的建筑群。

02 玉皇庙全景

（一）一进院

根据碑文记载，玉皇庙最南端为坐南朝北的清代建五间戏楼，现已不存。今玉皇庙最南端为 2012 年改建的山门，面阔三间，进深四椽，单檐悬山顶，三孔券门。一进院内随地势分为上、下两个平台，下平台东西两侧为新建山门耳房，上平台东西两侧为清代建碑廊各三间。院落北端正中为头道山门，面阔三间，进深六椽，单檐悬山顶，创建于明代。

03 头道山门正立面

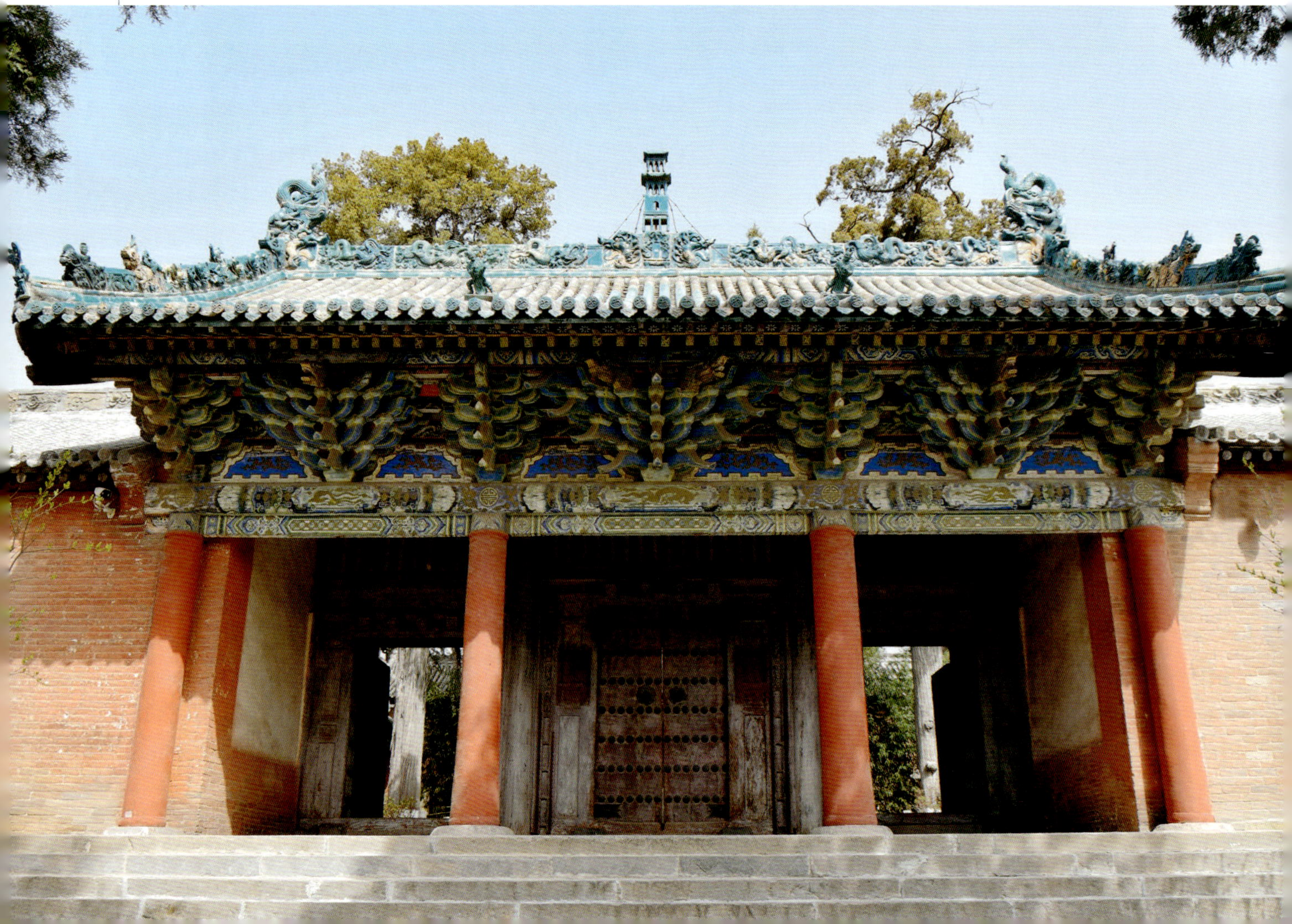

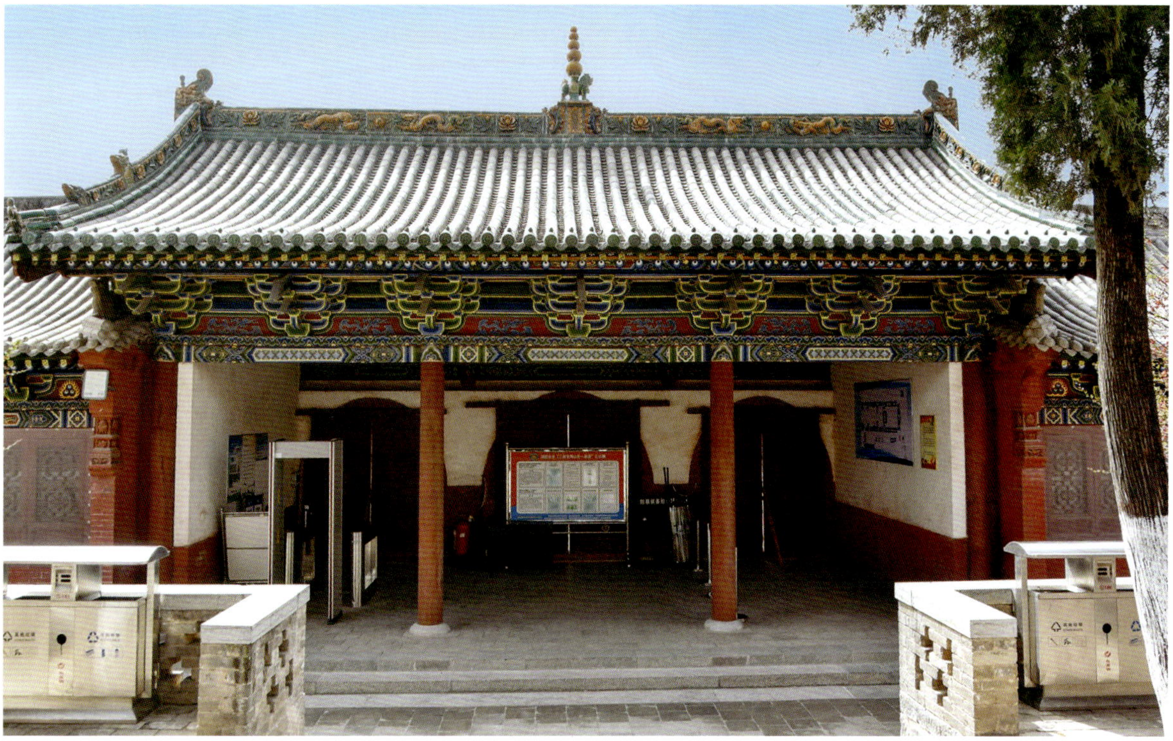

04　山门背立面

05　东耳房正立面

06 东碑廊正立面

07 西碑廊正立面

（二）二进院

二进院内同样分为上、下两层平台，平台间设九步石台阶。下平台两侧为东西配楼。上平台东侧为文昌殿，西侧为财神殿、咽喉祠，均为面阔三间、进深四椽的前出廊式建筑。拾级而上，院落北端正中为二道山门，面阔三间，五檩单檐悬山顶，元代建筑。二道山门东侧为六瘟殿、钟楼，西侧为地藏殿、鼓楼。院落南端的头道山门东西两侧有耳房各三间，均向北开门。

08　文昌殿

09　财神殿、咽喉祠正立面

10　财神殿、咽喉祠柱础

11　东配楼正立面

12　西配楼正立面

1. 二道山门

根据碑文记载，二道山门始建于元代，后虽经历代修缮，目前仍保留元代风格。二道山门位于二进院的北端，连接着二进院和三进院。二道山门建于石砌高台之上，台前设八步垂带踏步。前檐施四角抹棱方形石柱，后檐施圆形木柱。殿中设立中柱四根，以便安置大门。门为板门，形制朴实。

二道山门中实拍栱、沓头、替木的运用，明间脊部半栱在外、襻间枋上隐刻菱形栱及平槫缝结点的鹰嘴驼峰，以及讹角栌斗的形制，可看作是宋金地方建筑工艺的沿用，前后檐柱明显的侧脚及柱头略为和缓的卷杀与平缓、深远的屋檐等均属于早期风格的细部再现。前檐斗栱五铺作单杪单下昂，里转六铺作偷心造，耍头为昂形，耍头后尾挑在下平槫之下；后廊斗栱五铺作双下昂，里转五铺作偷心造。前后檐斗栱的大斗均作圆形瓜棱式，是元代木结构细部构件装饰化的具体表现。屋架结构为四架椽屋分心用三柱，前廊上平槫下用前廊斗栱的耍头后尾垫托平梁，后廊上平槫下用菱形的叠墩承托平梁，梁架整体既对称规整又富有变化。

13　二道山门正立面

14　二道山门背立面

15　二道山门梁架

16　二道山门正立面斗栱局部

17　二道山门背立面斗栱局部

2. 六瘟殿和地藏殿

六瘟殿和地藏殿形制相同，据碑文记载创建于元至元二年（1265）。明万历二十一年（1593）修缮，清嘉庆十九年（1814）重修，2008 年南部工程揭顶维修。两殿均面阔三间，五檩前廊式，单檐硬山顶。两殿内有宋代风格彩塑十余尊，造型生动，神态各异。

18　六瘟殿正立面

19　地藏殿正立面

3. 钟鼓楼

钟鼓楼创建于明嘉靖三十二年（1553），清嘉庆十九年（1814）重修，2008年南部工程大修。钟鼓楼分置东、西，均为下层砖砌壁体与上层木构两部分组成，上、下两层以身内楼板分隔，单檐歇山顶。

20　鼓楼

21　钟楼

（三）三进院

穿过二道山门为一前设三层踏步的月台，月台北端为成汤殿，成汤殿东侧为东岳殿、西侧为三王殿。月台两侧为东西厢房，东厢房北为禁药王殿、南为五道殿，西厢房北为高禖祠、南为老君殿。

1. 成汤殿

成汤殿也称诸神殿，始建于宋熙宁年间，金贞祐年间被毁，元至元年间重建，后经历代重修。随着村社祈福信仰的变化以及玉皇庙建筑的扩展，其功能由最初的山门逐渐演变为过殿、行雨龙王殿以及成汤殿（诸神殿）。2008 年南部工程落架大修。成汤殿面阔三间，进深六椽，单檐悬山顶。殿内有二层楼阁式神龛一座。

22　成汤殿正立面

23　成汤殿斗栱

24　成汤殿荷叶墩

25　成汤殿脊刹

26　成汤殿正脊

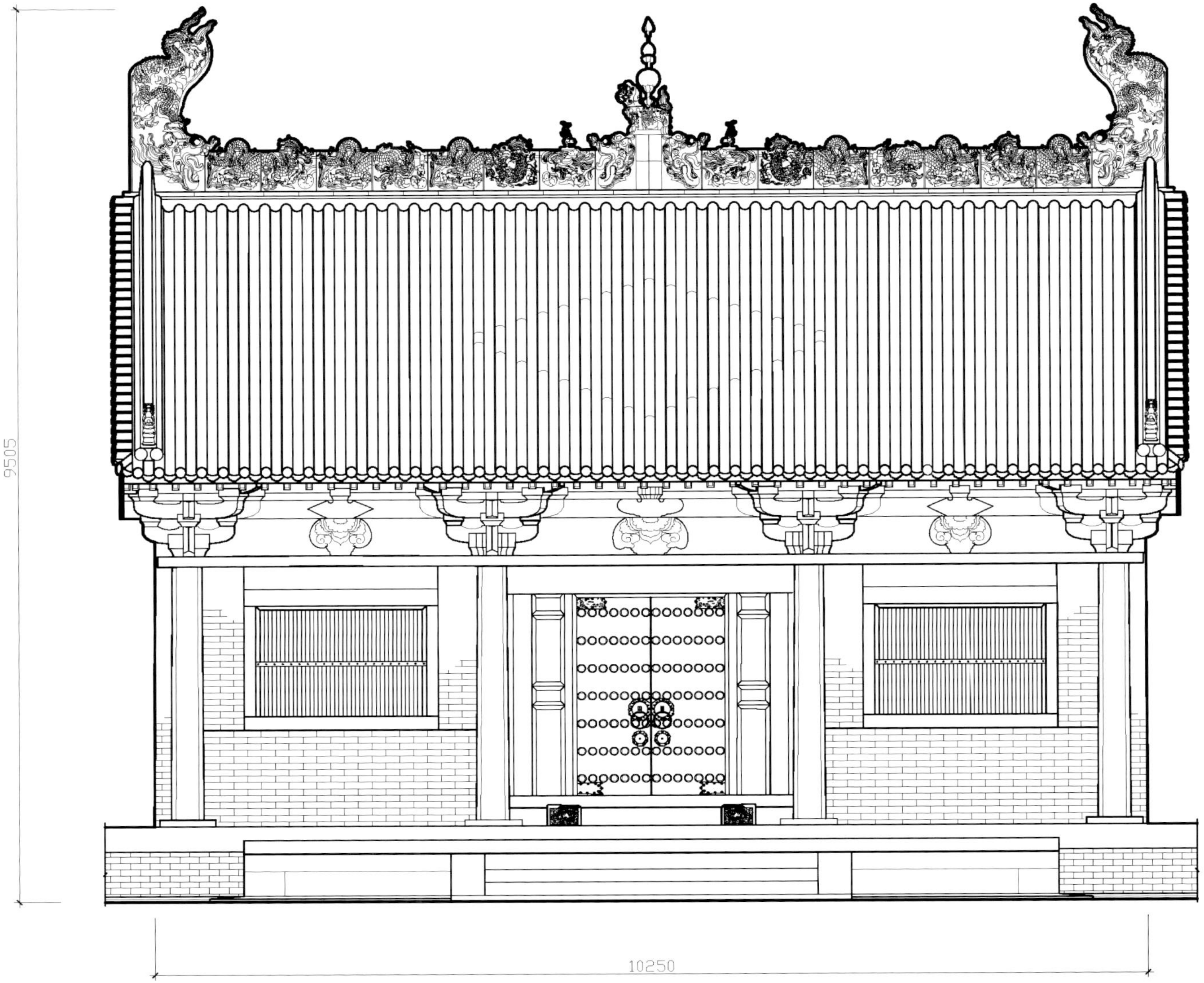

27　成汤殿立面图资料

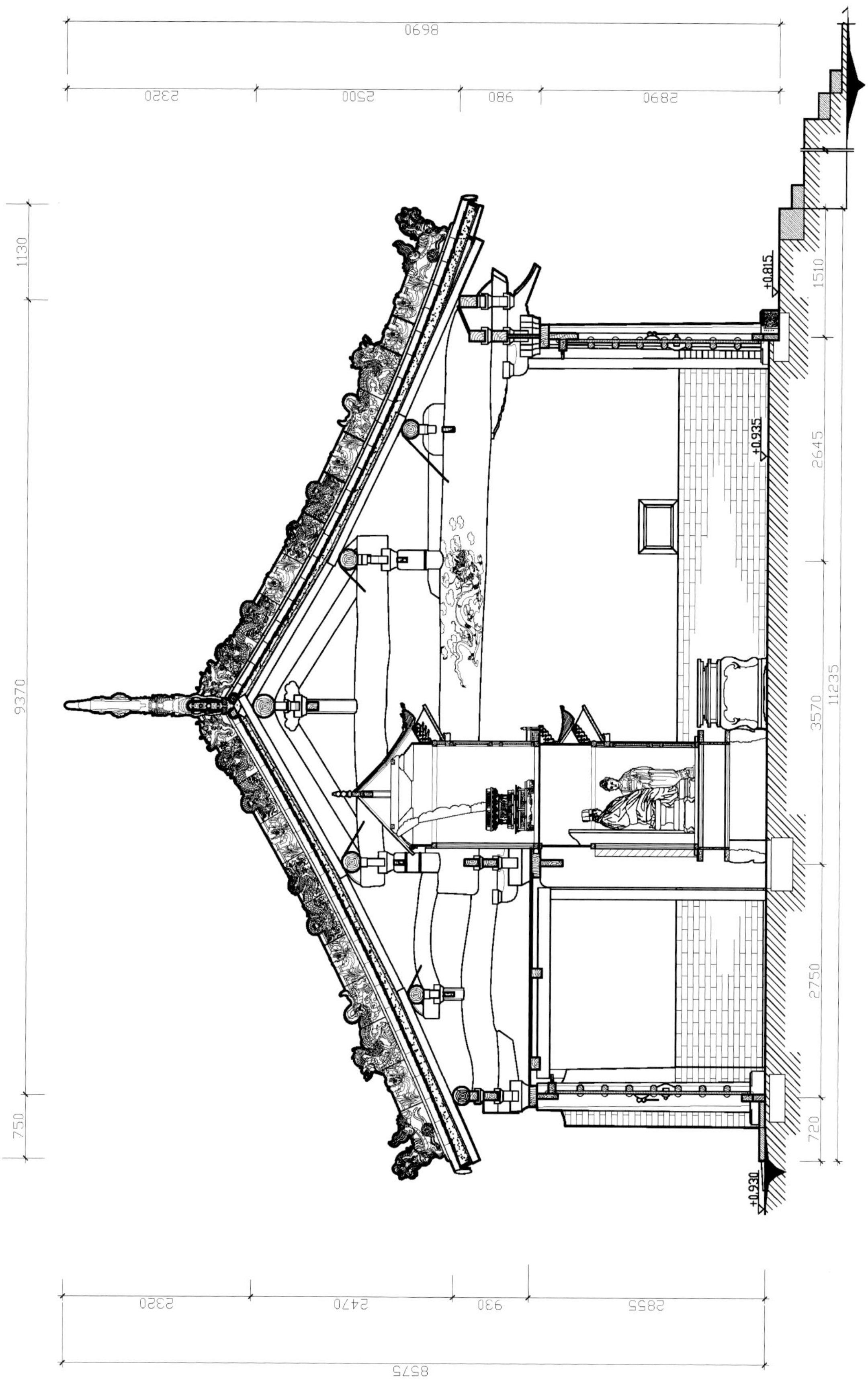
8690
2320
2500
980
2890
1130
9370
750
+0.815
+0.935
+0.930
1510
2645
3570
11235
2750
720
2320
2470
930
2855
8575

28 成汤殿剖面图资料

2. 东岳殿和三王殿

东岳殿和三王殿形制相同，创建于元至元十八年(1281)。三王殿内马王像背后有清雍正年间题记，现存建筑为嘉庆十二年(1807)重修。2008年南部工程揭顶大修。两殿与过门连为一体，面阔四间，五檩前廊式，柱头施斗不出跳，单檐硬山顶。

29 东岳殿正立面

30 东岳殿斗栱

31 东岳殿荷叶墩

3. 东西厢房（五道殿、禁药王殿、高禖祠、老君殿）

据碑文记载，东西厢房修建于元至元十八年至三十一年（1281—1294）间。清康熙四十一年（1702）对五道殿、禁药王殿重修，嘉庆十三年（1808）对老君殿、高禖祠重修，2008 年南部工程揭顶维修。东厢房禁药王殿、五道殿本为一体建筑，中间用墙隔开，面阔五间，五檩前廊式，柱头施斗不出跳。西厢房高禖祠、老君殿与东厢房形制相同。

三进院空间相对紧凑，建筑布局上结合地势采用高低相辅的方法。经过月台的过渡，成汤殿和东岳殿、三王殿处于同一平面，东西厢房和二道山门持平，各建筑在高度上保持一致，既突显了成汤殿主殿的恢宏气势，又协调了不同建筑的高低落差，保持了院落的整体美观。

32 老君殿、高禖祠正立面

33　禁药王殿、五道殿正立面

34　老君殿、高禖祠存清康熙四十一年碑

35　玉皇庙高禖祠及老君殿正立面图资料

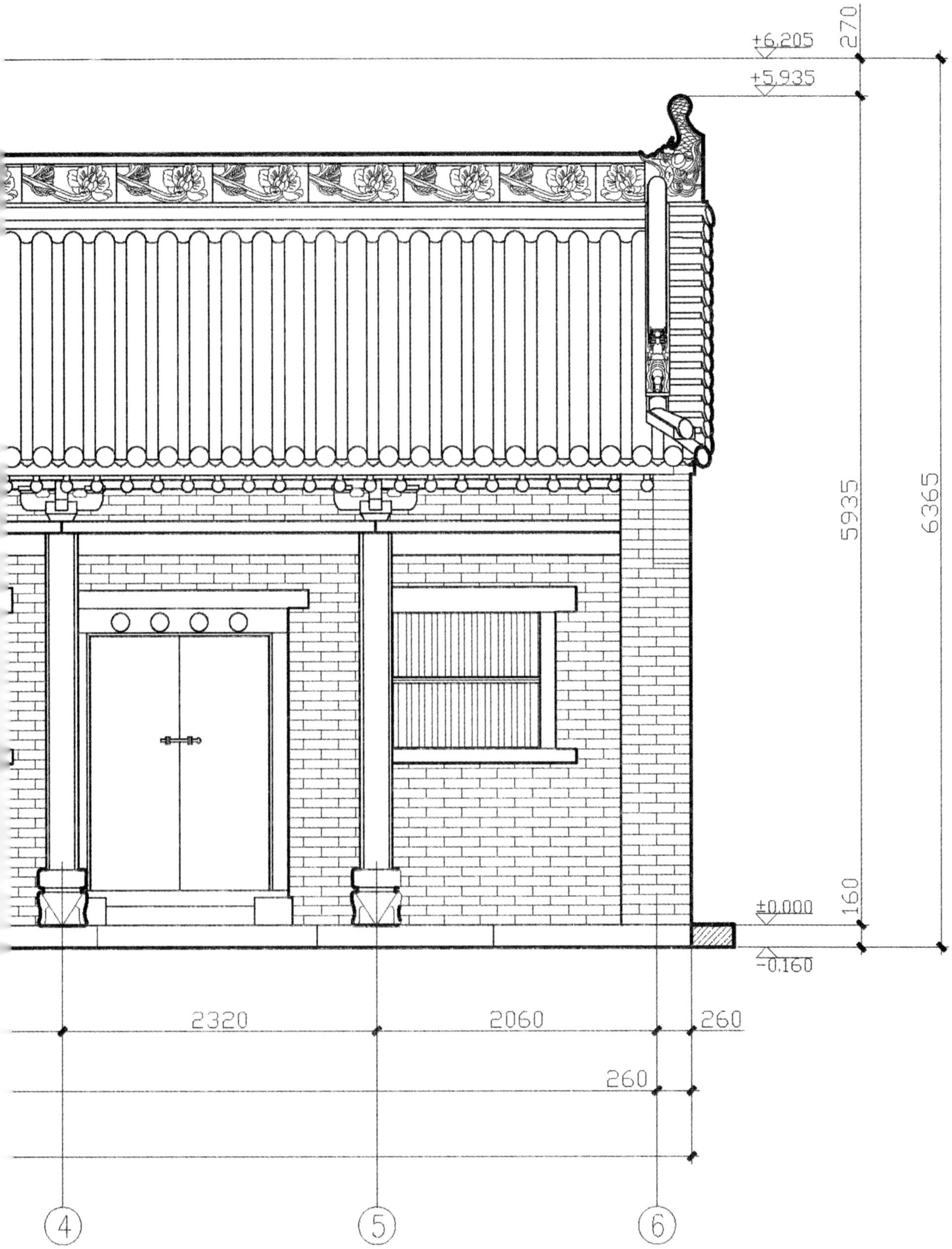
+6.205
+5.935
270
5935
6365
160
±0.000
-0.160
2320
2060
260
260
4
5
6

（四）四进院

四进院是玉皇庙的主要院落。中轴线由南向北为献殿、玉皇殿，玉皇殿东为三垣殿、西为四圣殿。院落两侧为东西廊庑，东廊庑从南到北依次为太尉殿、蚕神殿、关帝殿马厩、十三曜星殿，共计十一间；西廊庑南为二十八宿殿、北为十二元辰殿。东西两庑北端各建一间小殿，东为风伯殿、西为雨师殿。

1. 玉皇殿

根据碑文记载，玉皇殿创建于北宋熙宁九年（1076）。金泰和七年（1207），元太宗二年（1230）、至正十五年（1355），明正统十一年（1446）、嘉靖三十二年（1553），清雍正十一年（1733）、乾隆二十九年（1764）、嘉庆九年至十七年（1804—1812）均有重修。2008 年南部工程揭顶维修。玉皇殿面阔三间，进深六椽，为前廊式单檐悬山顶建筑。前檐乳栿对后四椽栿，通檐用三柱。前后檐柱头施四铺作，单下昂，里转四铺作，偷心造，斗栱朴实，明柱粗壮。前廊两山下肩墙、窗下坎墙和殿内神坛基座上均嵌有浮雕花鸟砖，砖饰有宋金时期风格。侧脚、生起明显。青石质门枕石上雕有母子卧狮，刻有“大元至正十四年”题记。屋面筒瓦顶，黄绿琉璃剪边，脊、吻、兽均为黄绿琉璃制品。正脊上饰有二十八宿星君像，为金代原作，现存于晋城博物馆。

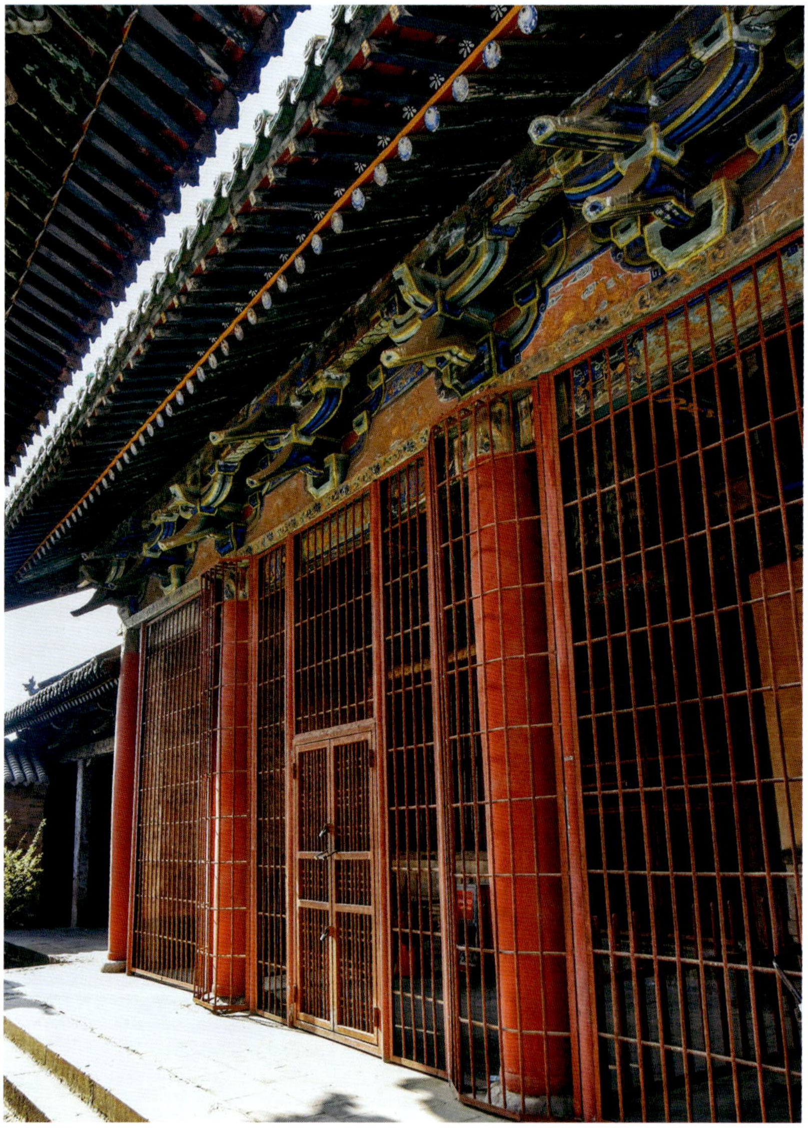

36 玉皇殿正立面

该殿原有大小塑像 118 尊，现存 51 尊。殿内正中为玉皇大帝，两侧为宰辅、臣尉、仕女等。

神台之上，包括主像玉皇像、女官侍女像等共计有 11 尊塑像。玉皇大帝身着九章法服，头戴珠冠冕旒，手执玉笏，坐于须弥座椅上，气宇轩昂，显示出君临天下的威严。侍女像多为中年妇女形象，从造型到神态已经脱离了宗教神化偶像的框架与限制，是封建社会宫廷人物的真实写照。从侍女的姿势、神态及手中所持器物看，应是为玉皇大帝治理朝政和日常生活服务的。侍女的头饰、发髻、衣服、裙裾各不相同，有头束双髻的，有头挽高髻的，也有包头巾或束带丝的，衣裙修长贴体，造型简括洗练，面貌俊美丰润，仪态端庄大方，神态安详典雅。这一组侍女像从造像手法、衣纹服饰、相貌神态看，与晋祠圣母殿宋代侍女像有许多相似之处。

玉皇殿中宰辅、臣尉立像有27尊，其中两尊为蒙古族装束。从造像手法、衣纹服饰、相貌神态看，这些塑像亦与晋祠侍女像相似。

37 玉皇殿背立面

38 玉皇殿前檐斗栱

39 玉皇殿后檐斗栱

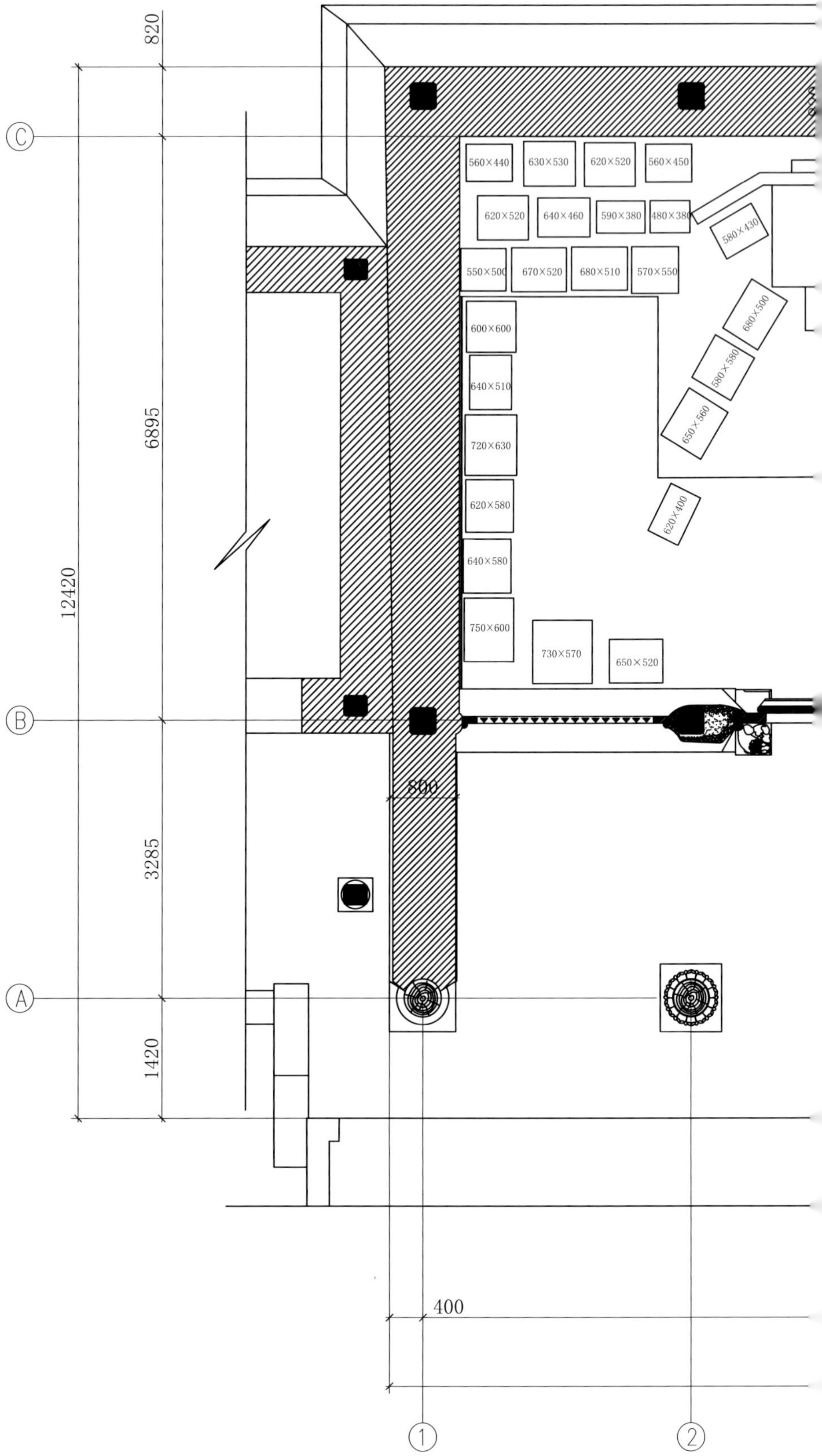
820
6895
12420
3285
1420
800
400
C
B
A
1
2
560×440
630×530
620×520
560×450
620×520
640×460
590×380
480×380
580×430
550×500
670×520
680×510
570×550
680×500
600×600
580×580
640×510
650×560
720×630
620×580
620×400
640×580
750×600
730×570
650×520

40　玉皇殿平面图资料

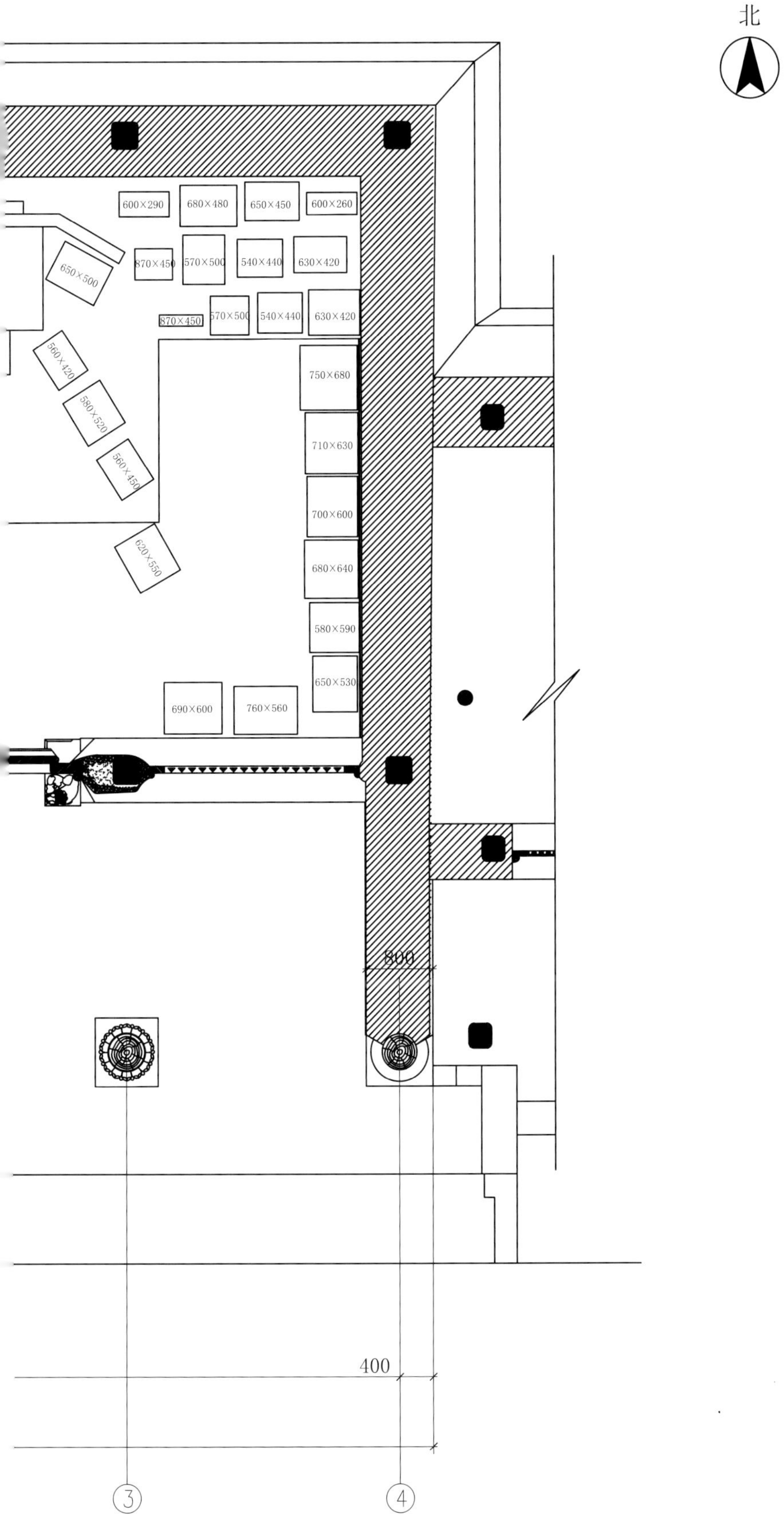
北
600×290
680×480
650×450
600×260
650×500
870×450
570×500
540×440
630×420
870×450
570×500
540×440
630×420
560×420
580×520
560×450
620×550
750×680
710×630
700×600
680×640
580×590
650×530
690×600
760×560
800
400
3
4

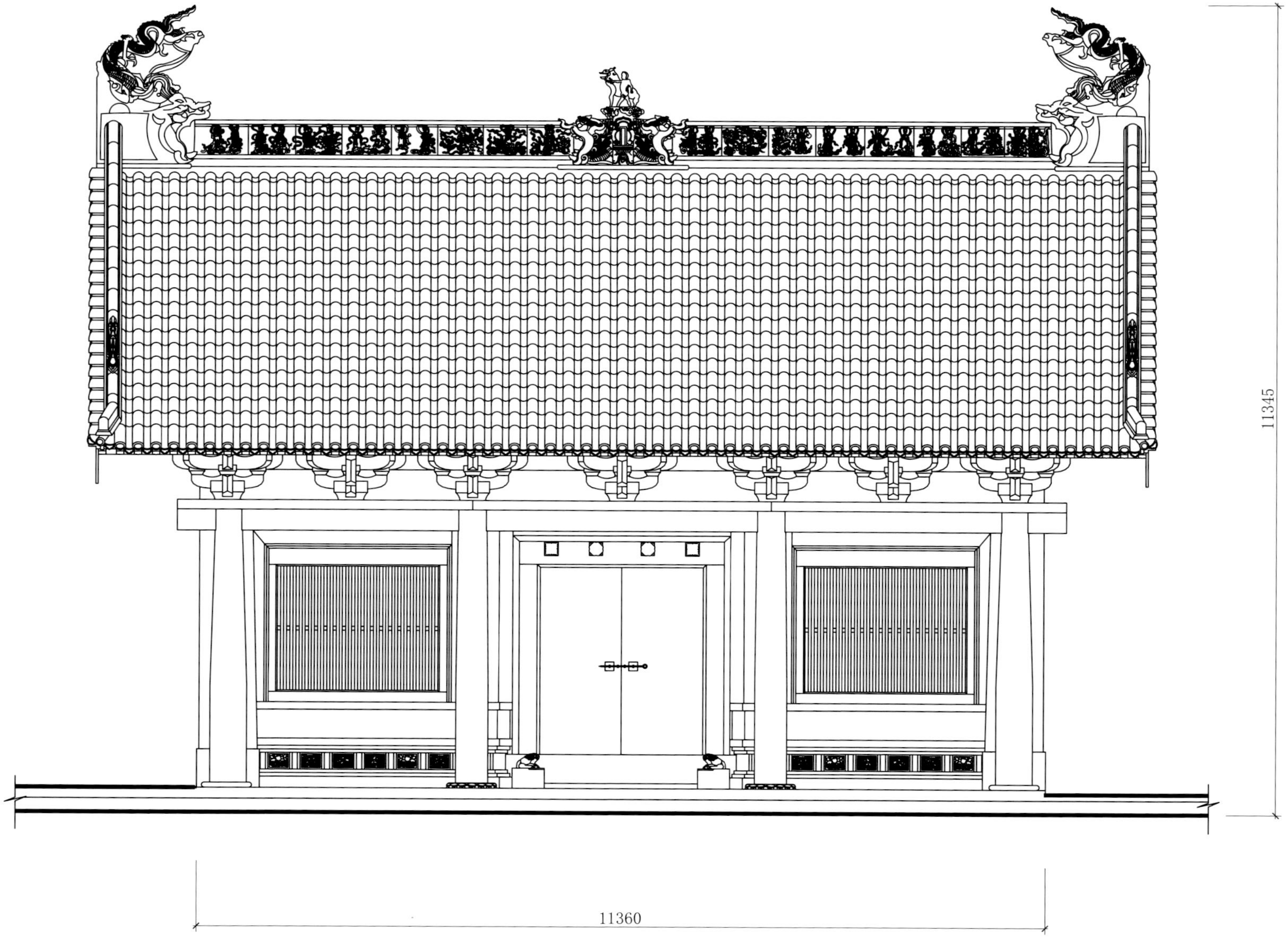

41 玉皇殿立面图资料

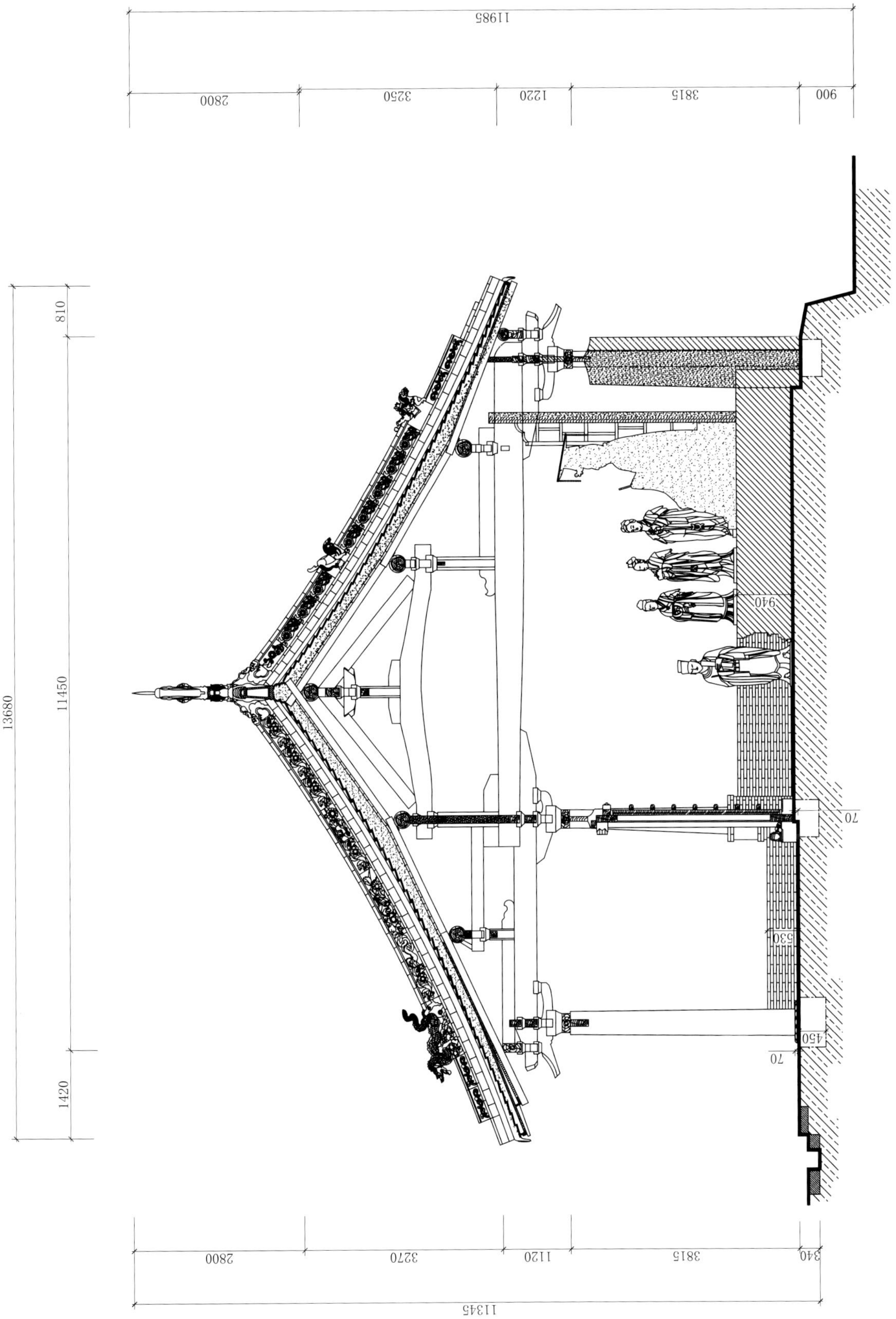
13680
810
11450
1420
11985
2800
3250
1220
3815
900
11345
3270
1120
340
940
530
450
70

42 玉皇殿剖面图资料

2. 献殿

献殿创建于明正统十一年(1446),清雍正十一年(1733)、乾隆六十年(1795)、嘉庆十九年(1814)重修,2008年南部工程大修。献殿面阔三间,进深六椽,单檐歇山顶。台基前设七步踏垛,后设两步踏垛至玉皇殿。青石砌筑的方形台基四周为后人增砌的花栏墙。十根方形抹角石柱粗犷挺拔,柱头由十根大额枋连贯呈"井"字形,敦厚稳固,柱头处有明显收分。檐下四周斗栱密致,外檐所用斗栱分为柱头、平身、角科三种。前后檐柱头施五踩双下昂斗栱,龙形耍头,里转双翘第二翘头上设平盘斗承托五架梁。其余斗栱耍头后尾挑垂莲式金瓜悬柱,既能支撑起屋顶负荷,又使造型显得华丽。斗栱、梁架等木构件绘以青黄为主的行龙、青绿花卉、金点等图案的清代旋子彩画。屋坡平缓,檐部微微生起,具有曲线柔和之美感。屋面前坡为黄绿相间的琉璃瓦屋面,后坡及两山为灰素筒瓦、板瓦。屋顶脊饰均为琉璃质地,正脊浮雕牡丹花卉,两端卷尾形龙吻对峙。中央耸立脊刹,形制独特,为三层檐枋木楼阁,下部两层平面为八角形,二层屋脊上设平座勾栏,最上层为十字歇山顶。戗垂脊系手工捏花琉璃脊块组拼,上雕行龙,垂兽张口怒目。戗兽之前至端部饰傧伽各一尊。

43 献殿正立面

44 献殿背立面

45 献殿梁架

46 献殿转角斗栱

47 献殿转角

3. 三垣殿和四圣殿

三垣殿和四圣殿形制相同，创建于北宋熙宁九年（1076），元至元二年至十八年（1265—1281）重建，明正统十二年（1447）修缮。2005 年揭顶维修四圣殿，2008 年南部工程落架大修。两殿均面阔三间，进深四椽，柱头施四铺作，单下昂，单檐悬山顶。屋顶有黄绿色琉璃脊饰，正脊雕饰精美的龙凤图案。

48　三垣殿正立面

49　四圣殿正立面

4. 东西廊庑

东西廊庑建筑结构相同。元至元二年至十八年（1265—1281）重建，明正统十二年（1447）修缮，清雍正五年（1727）重修二十八宿殿并重妆塑像，嘉庆九年（1804）重修。1990 年揭顶维修二十八宿殿，2008 年南部工程揭顶大修。东西两侧从南到北各十一间，前出廊，柱头施斗不出跳，单檐悬山顶。东廊庑从南至北为太尉殿、蚕神殿、关帝殿马厩、十三曜星殿。关帝殿马厩后墙开一门，辟建一小院建关帝殿三间。西廊庑由南向北依次为二十八宿殿和十二元辰殿。

50 蚕神殿、太尉殿、关帝殿马厩正立面

51 二十八宿殿正立面

52　关帝殿

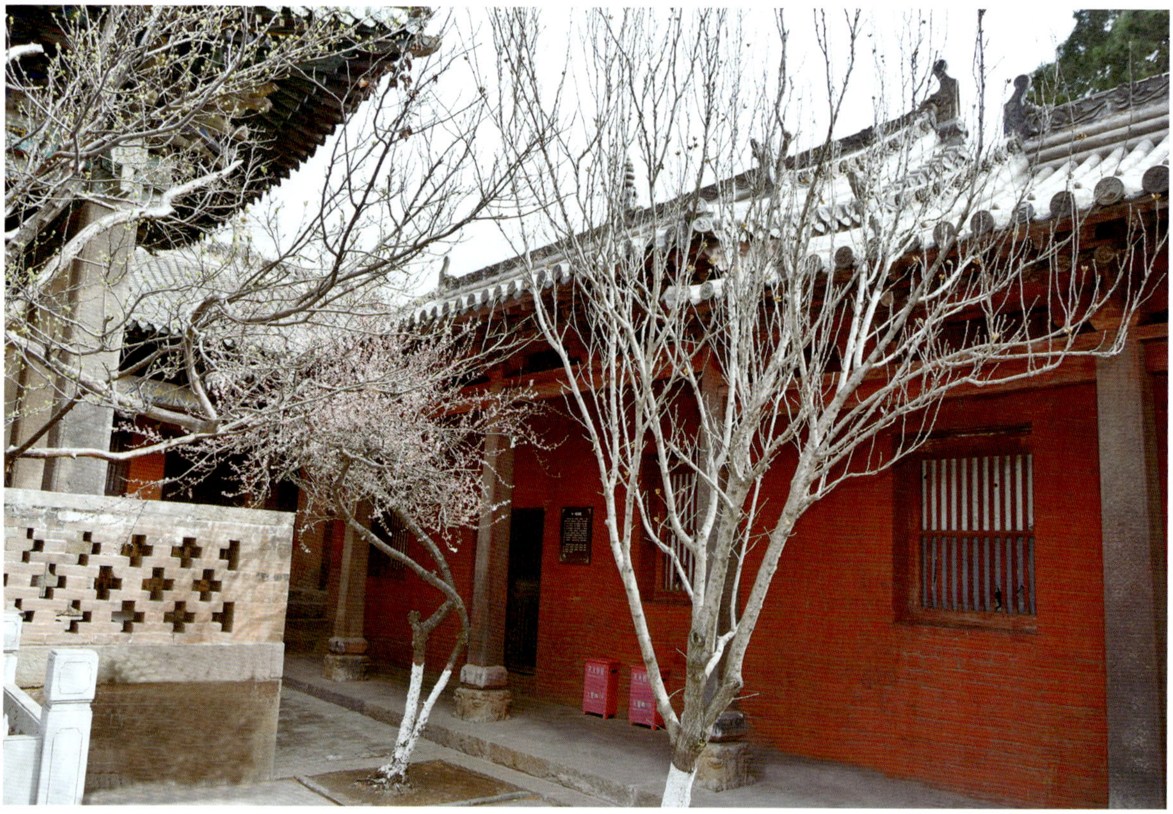

53　十三曜星殿

54　十二元辰殿

55　雨师殿

三、价值特色

(一)彩塑

玉皇庙现存宋、金、元、明、清不同时期的泥塑 284 尊，且自成体系，勾勒出一个宏大的神谱结构。其道教塑像之丰富、雕塑技术之精湛为国内外罕见，是研究道教史和雕塑艺术的宝贵遗产。

二十八宿彩塑最具特色，位于玉皇庙四进院二十八宿殿内，为元代风格。二十八尊塑像皆为坐像，

56 玉皇殿彩塑

有倚、跪、侧等形式，整体呈“U”形排开。玉皇庙二十八宿彩塑是人物形象和动物形象的巧妙结合，即把星宿一律塑作人像，有长者、青年、妇女等，再用动物加以标识，根据二十八星宿的象征意义采取不同的表现形式，呈现人物的不同性情。二十八尊塑像有的神情肃穆，有的嘴角含笑，有的陷入沉思，

有的瞠目而视，形象鲜明。全国以二十八星宿为题的彩塑作品仅见此一组，其造型准确、塑造技艺娴熟，体现了以形写神、以形表意的美学境界，具有特殊的艺术价值。

57　玉皇殿彩塑 - 侍女

58　玉皇殿彩塑 - 侍女

59　玉皇殿彩塑 - 侍女

60　玉皇殿彩塑 - 侍女

61　二十八宿彩塑 - 轸水蚓

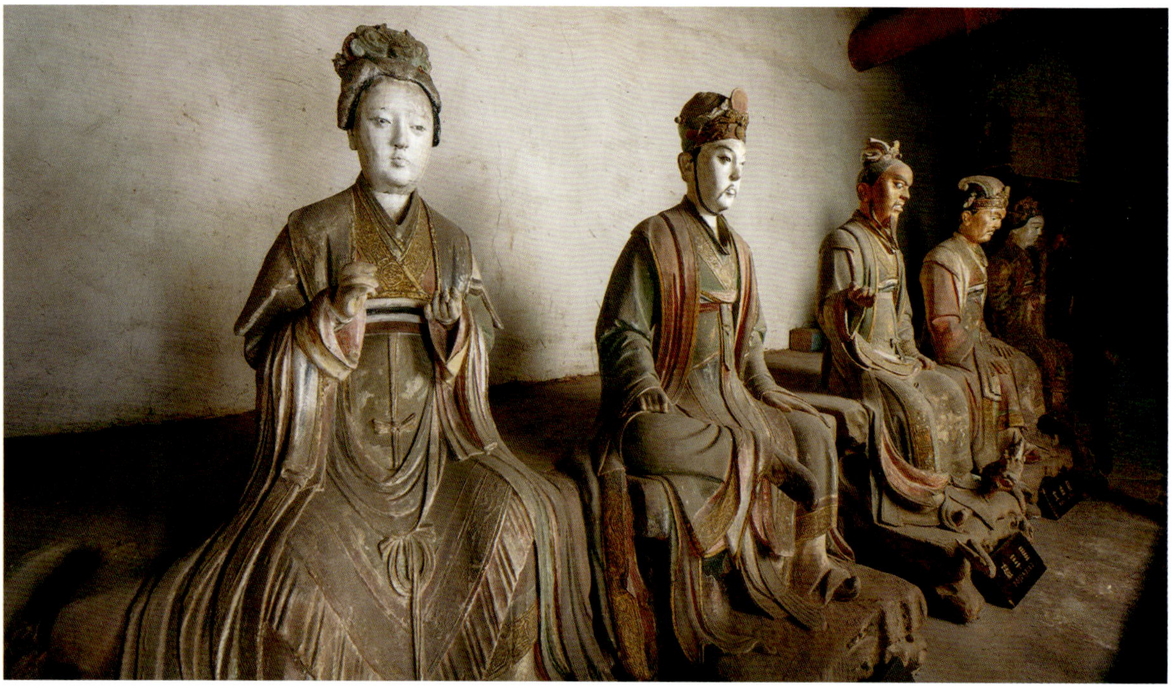

62　玉皇殿彩塑

63 二十八宿彩塑 - 翼火蛇

64 二十八宿彩塑 - 星日马

65 二十八宿彩塑 - 鬼金羊

66 二十八宿彩塑 - 参水猿

67 二十八宿彩塑 - 毕月乌

68 二十八宿彩塑 - 胃土雉

69 二十八宿彩塑 - 奎木狼

70 二十八宿彩塑 - 室火猪

71 二十八宿彩塑 - 虚日鼠

72　二十八宿彩塑 - 牛金牛

73　二十八宿彩塑 - 箕水豹

74　二十八宿彩塑 - 心月狐

75　二十八宿彩塑 - 氐土貉

76　二十八宿彩塑 - 角木蛟

77　二十八宿彩塑 - 亢金龙

78　二十八宿彩塑 - 房日兔

79　二十八宿彩塑 - 尾火虎

80　二十八宿彩塑 - 斗木獬

81　二十八宿彩塑 - 女土蝠

82　二十八宿彩塑 - 危月燕

83　二十八宿彩塑 - 壁水㺄

84　二十八宿彩塑 - 娄金狗

85　二十八宿彩塑 - 昴日鸡

86　二十八宿彩塑 - 觜火猴

87　二十八宿彩塑 - 井木犴

88　二十八宿彩塑 - 柳土獐

89　二十八宿彩塑 - 张月鹿

90　二十八宿彩塑局部

91　二十八宿彩塑局部

（二）琉璃构件

据考证，晋城是自金代以来使用琉璃构件最多的地区之一。玉皇庙的殿宇经过历代修造，其琉璃构件保存得比较完整。

据金泰和七年（1207）碑文记载，玉帝殿整个屋面因使用绿琉璃剪边而显得更加辉煌、庄重，这些琉璃出自当时晋城东元庆村琉璃匠人李道真之手。最为难得的是，屋顶正脊上的琉璃不是一般的祥龙翥凤牡丹花卉，而是脚踏祥云、手持法器、属兽环绕、各具神态的二十八宿星君，这也是玉皇庙琉璃构件所独有的特色。这套琉璃正脊如今存于晋城博物馆。

玉皇庙琉璃有三大特点：一是孔雀蓝琉璃独领风骚。头道山门上覆盖的孔雀蓝琉璃既具有赏心悦目的蓝孔雀一般的色彩光泽，又呈现出精湛的制作工艺。仙人走兽、水波花纹、腾龙力士，或姿态妖娆，或腾跃欲飞，栩栩如生。高大的吞吻张嘴瞪眼气势逼人，巍峨的刹楼辉煌壮观，让头道山门格外引人注目。二是琉璃神台极具特色，主要集中在中院的东岳、三王、高禖殿内。这些神台一般由数块高 4.5 厘米、长 80 厘米的琉璃组成，呈须弥座式，其束腰部分有各种吉祥图案和故事图案。例如有一幅骑神兽追逐厮杀的人物故事图，被追的人回首把身后的追赶者挑落兽下，后者头朝下、双手撑地并面露惊恐，刻画栩栩如生、惟妙惟肖。三是琉璃瓦当既起到保护固定作用，又起到美化装饰作用。玉皇庙的瓦当很好地保留了秦汉之风，从颜色上来看，红、蓝、黑等色彩鲜艳；从内容上来看，既有秦代的莲纹、葵纹、云纹，又有汉代的牛、马、鹿、兔等动物造型。

在成汤殿琉璃垂脊上还发现有蝴蝶纹。蝴蝶作为中国传统图案，被赋予了丰富的文化内涵。古人认为蝴蝶翅膀为仙人遗衣，于是便有“化蝶”成仙之说。此外，“蝶”与“耋”谐音，而耋指八十岁老人，故蝴蝶纹也有长寿的寓意。

92　头道山门脊刹

93　二道山门脊刹

94　头道山门正吻

95　成汤殿脊刹

96　成汤殿东侧大吻

97　成汤殿西侧大吻

98　献殿瓦件

99　献殿大吻

100　献殿脊刹

101　献殿脊饰

102　玉皇殿大吻

103　玉皇殿脊刹

104　玉皇殿大吻

105　玉皇殿脊饰

106　玉皇殿脊饰

（三）木雕

玉皇庙的木雕有圆雕、透雕和浮雕三种类型。圆雕也叫六面雕，呈实体状，如坐斗、雀替均为圆雕；透雕就是漏雕，呈镂空状，主要用于窗棂、床饰、阁楼等；浮雕主要用于裙板、壁堵等单面雕刻。玉皇庙的木雕神龛、斗栱、雀替等历经多次修缮，年代跨度较大，体现了不同时期的风格，极具民族风格和地方特色。

成汤殿内有一座木雕阁楼式神龛，为元代风格。整体平面呈“凸”字形，背靠后檐墙，竖立于中间的一幢楼阁简称为“正楼”，分列左右两侧的简称为“耳楼”。正楼高 5 米多，两层重檐歇山顶，腰间设平座栏杆。耳楼为双层重檐悬山顶。

正楼坐于木制底座之上，平面呈长方形。底层面阔三间，进深一间。正面装四抹隔扇门。明间中槛有门簪两枚，横披雕荷花图案，两山及后檐装板素面无饰。底层檐下正面施斗栱八攒，两山各施斗栱五攒。底层檐顶木雕椽飞瓦陇，翼角冲出起翘明显。平座六铺作重栱出三杪并计心，上承平座栏杆，栏板图案玲珑透空。上、下层以楼板分隔。上层面阔三间，进深一间，平面呈长方形。正面同样装四抹隔扇门，两山及后檐以素板封护。斗栱布列同底层檐下斗栱一样。楼阁顶部梁架结构为四架椽屋，明间不施梁架，在两山间装板。山面及后檐装板上施抹角大驼峰，山面与前檐斗栱后尾封护板上用一自然弯木作抹角梁，上置小驼峰，以与后部抹角大驼峰取得水平。驼峰之后纵横方向施平槫和平梁。45 度方向施角梁和仔角梁，其后尾与抹角梁相交，平梁之上置蜀柱，上承脊槫，整体梁架简洁有力。上层楼阁内正中置一木雕须弥座，残损严重，其上置牌匾，上书“皇帝万岁”。楼顶雕椽飞瓦垄，脊饰吻兽，正脊当中立一宝瓶刹。

东耳楼为两层重檐悬山顶。底层入口做法独特，地栿一端坐于门枕木之上，另一端砌于条砖之上，两侧安抱框，其间安置装板，主要用于承重。此间稍向外设置门罩，两侧木腿子，上方横披，横披之下沿木腿内侧向下延伸雕如意花边，形似明清花罩。门罩横披之上为底层檐下斗栱，柱头铺作为六铺作重栱单杪双下昂并计心，补间铺作为六铺作重栱出三杪并计心。平座斗栱为五铺作重栱出双杪并计心。楼板是上、下层的分界。上层为三开间楼阁，均设四抹隔扇门，明间隔扇可向内开启，次间隔扇裙板素面无饰。上层檐下斗栱柱头铺作为六铺作重栱单杪双下昂并计心，补间铺作为六铺作重栱出三杪并计心。耳楼上、下两重檐雕椽飞瓦垄，脊饰吻兽。

西耳楼形制、结构与东耳楼基本相同，唯楼阁上层隔扇之上不施横披，次间隔扇隔心部分以素板装饰。

纵观木雕楼阁，不仅外观排列主次分明，而且在制作工艺上也强调主体正楼、两侧耳楼统一中微见变化，形成一种渐变的韵律感，层次丰富，工艺精湛。这是中国古建筑中经常采用的做法。

107 成汤殿塑像

108 成汤殿神龛

（四）壁画

玉皇庙保存有不同时期的壁画，虽然数量不多且残破不全，但都很珍贵，其中最具特色的要数十二元辰殿的正面壁画。该壁画为工笔彩绘，面积 10 余平方米。整幅壁画由三部分组成：正中为帝王生活图，左侧为市井生活图，右侧为贵族生活图。正中画面中，帝王端坐于前，女官、侍女站立在帝王身后，柱后帐中隐见有儿童，阶下有乐舞艺人、值殿将军。左侧画面中可见社火表演、弹琴卖艺、摆场习武等市井生活场景，其中一个跑驴童子尤为引人注目，他面带喜色，动作滑稽。右侧画面中是一座官宦院落，院内园中有二人对弈，院外街道上有军士出巡。整幅画有各色人等百余名，动静结合，活灵活现。

109　玉皇殿门厅壁画

110　十二辰殿壁画局部

111　十二辰殿壁画局部

（五）古树

玉皇庙院中的两棵香木瓜树已有五百多年的历史，每年仍开花结果。其果实可以入药，清心润肺，止咳化痰。

玉皇庙所承载的建筑、宗教、天文、雕塑绘画等方面的知识、艺术，是我国劳动人民的智慧结晶。著名古建筑专家罗哲文评价其艺术价值为“世界绝版，海内孤本”。

112　古树

四、文献撷英

玉皇庙现存历代碑刻30余通，其中宋碑1通、金碑1通、元碑3通、明碑5通，其余为清碑，是研究玉皇庙历史和社会人文的宝贵资料，以下简要摘录。

玉皇行宫之记　北宋熙宁九年（1076）

……府城社玉皇行宫者，始为岁旱，遍于群神祈祷，无应。时有本社李宗、秦恕二人，即陵川之下壁，请得信马，于当社祈求，克日而甘泽沾足。实时舆议，卜吉北岗秦吉、秦简地内，鸠工营匠，不日而成。又得秦翌、杜惟熙等，纠率乡人，敛集藻绘廊庑之费，无不喜从者。先是，廊殿既成，有信义之士李宗颜，自备己力，构成三门，赀直之缗，不下数万……

113　玉皇行宫之记（北宋熙宁九年）

重修玉帝庙记　金泰和七年 (1207)

……于是□□□善士东元庆进义副尉段继纠而司其事。又五社管首老人数十辈一一信响。输愿力、出清资、具材木，征共僦功，革□□□□□有成，不愆于素。用钱无虑二百万。正殿軮轧，如翚斯飞，金碧炫耀于榱题，锦石璘瓓于阶循。规模壮丽，□□□□深而□□□则翼以廊庑……

114　重修玉帝庙记（金泰和七年）

玉皇行宫记　元至元三十一年（1294）

……贞祐兵后，焚烬无几。岁癸卯，郡长段侯命水东景将军遇、水西刘元帅福、崔庄田元完葺正殿。至元二年，府城刘宽敛众力起东偏殿。居无几何，复以己力起西偏殿，继与众议西庑暨三门，肯构心勇，岁月而成。十八年，刘乃推挽黄头村韩珪、尹彦诚为己副，左右营建事，创列东庑，于是斤斧圬镘，丹青像设，随在呈巧。在后以香火钱、施舍物增三门夹室，又下三门及两翼房、东西廊，计为间者七十有六……

115　玉皇行宫记（元至元三十一年）

创建廊庑之记　元至正十五年（1355）

……殿宇无有大小，同时缔葺，榱柱倾邪者揩正之，丹雘晦蚀者藻绘之，瓦木圮缺者增修之，隙地阙廊庑者创构之……

重修玉帝庙记　明成化二年（1466）

……正统丙寅，命匠重修玉帝正殿，次完四圣三官之殿、东西列宿真君之殿，凡七十余间。……及添修香亭，高架凌空。……天顺□年季春之月，本州太守孙公有泽民之道，率领耆人百辈于斯祷雨有感，膏霖苏旱，百里仰观，重修殿廊，钱力浩大……

116　重修玉帝庙记（明成化二年）

创建庙门屏志　明万历二十三年 (1595)

……乃捐俸薪，创建门屏一座，纵三丈四尺，横一丈五尺，所费约四十余金。……经始于戊子岁，落成于辛卯岁……

117　创建庙门屏志 (明万历二十三年)

增建咽喉祠志　清康熙三十七年（1698）

……台西增建咽喉祠三楹，盖为富贵贫贱，孰无咽喉所关？而可不为祠以祀之乎……科头郭万枝，爰不惮劳瘁，劝募肆拾伍全，助厥费焉……

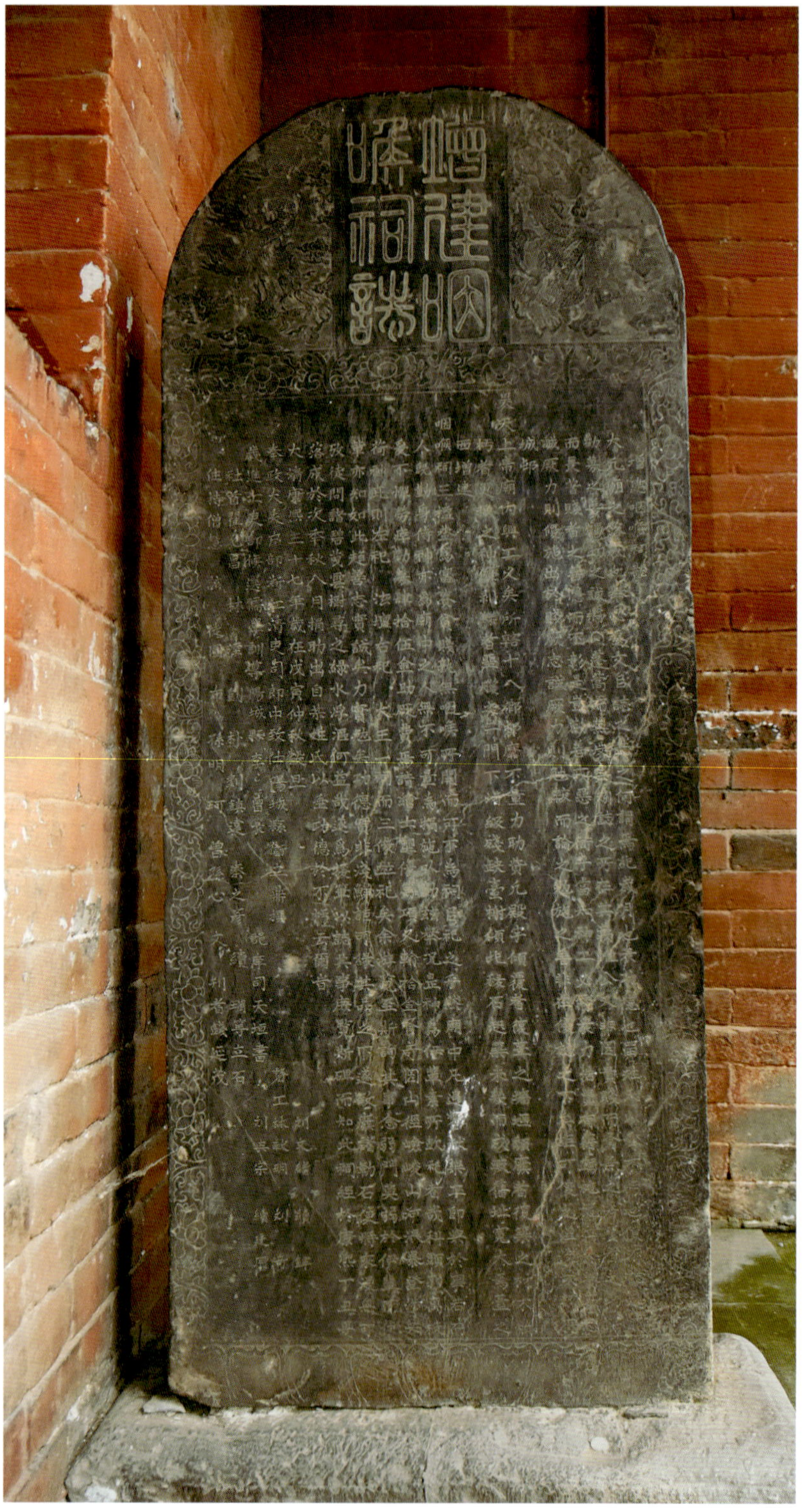

118　增建咽喉祠志（清康熙三十七年）

二十八宿像重妆记　清雍正五年（1727）

……余乡之南府城，旧有二十八宿行殿，创自宋熙宁间。为岁久像败，复从而妆绘之……

119　二十八宿像重妆记（清雍正五年）

玉皇庙中院正殿金妆记　清雍正八年（1730）

……今募化七社，妆修中院上帝之像并二门、钟鼓两楼，不日告竣……

《府城社重修玉皇殿金妆圣像并重修拜殿禅房山门碑记》　清雍正十一年（1733）

……其前有拜殿，陈列所也；外院有禅舍，焚修室也；又外有山门，出入地也。俱咸与维新焉。夫新之者谁？则续君讳朴等倡其首，远迩募化，鸠工庀材，几历寒暑，而后告竣也……

120　府城社重修玉皇殿金妆圣像并重修拜殿禅房山门碑记（清雍正十一年）

《重修玉皇庙碑记》 清乾隆二十九年（1764）

……经始于乾隆二十六年八月，落成于二十九年七月。玉皇正殿、诸神正殿焕然一新，钟鼓楼、□仪台以及二门、山门俱已完好。……而续君又复之，于山门之南，创修戏楼五楹，而功始告竣……

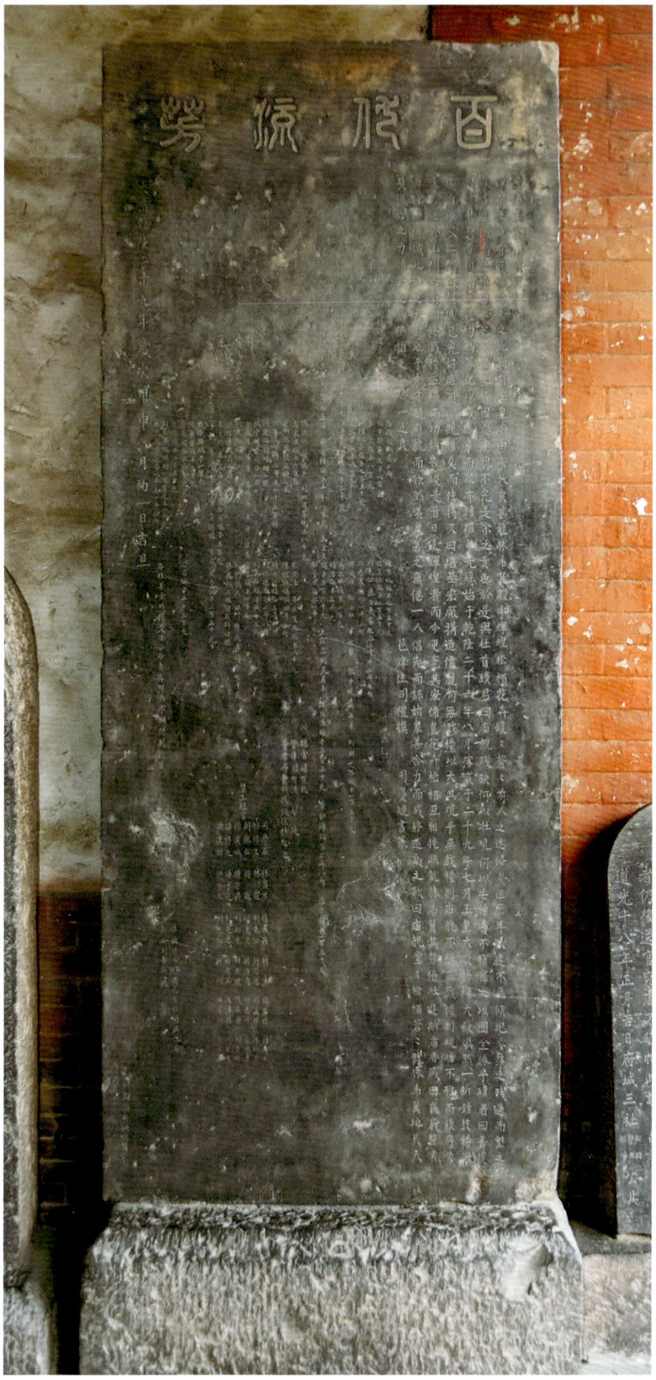

121 重修玉皇庙碑记（清乾隆二十九年）

《玉皇庙碑记》 清乾隆六十年（1795）

……已将诸神殿并中院山门损坏，……因捐资重修，不日而成。又有后院拜殿、风王殿、龙王殿与前院监斋殿……一一补葺，前后殿宇俱无渗漏……

《玉皇庙重修记》 清嘉庆十九年（1814）

……甲子，旱祷回应，因即兴工，……于斯正殿、中央、文昌、蚕神、大门、二门、钟鼓楼、内外舞楼木石朽金铁锈矣，葺而补之；中央站台、前院东西禅室、左右客堂，内外阶陛颓矣，改而建之……

122 玉皇庙碑记（清乾隆六十年）

03 怀覃会馆

怀覃会馆 / HUAIQIN HUIGUAN

一、遗产概况

怀覃会馆位于晋城市城区南街街道驿后社区东巷309号，是山西省国保单位中唯一的会馆建筑。其始建于清乾隆五十七年（1792），曾先后为南关面行、南关油行、河南布行等行会以及标准件厂等企业占用，是万里茶道泽州段重要的历史遗迹，见证了清末至民国时期晋豫两省商业的风云变幻。

怀覃会馆名称是由古地名“怀庆”“覃怀”而来。据碑文与《凤台县续志》考证，其名称在清代即已变动不定，有“会馆”“南关面行会馆”“面行会馆”“关帝会馆”四种叫法。民国时期，晋城老城关居民及地图中皆称之为“会馆”。建筑大师刘致平在《内蒙、山西等处古建筑调查纪略》中称之为“河南会馆”。其后，

01 怀覃会馆全景

因“会馆”一名不具有明确指向性，遂出现“晋城会馆”“驿后会馆”“怀庆会馆”“覃怀会馆”“怀覃会馆”等多种叫法。20 世纪 90 年代，随着媒体报道增多，“怀覃会馆”这一错误名称被广为传播，学者们虽多次纠错但均告失败。其名称受历史上产权频繁变动、古地名混淆等各种因素影响，是清末民国以来社会剧烈变革的产物，本身便是一段历史。

怀覃会馆选址非常讲究，与清代中期泽州府城的商业区位、交通网络、河南客商定居特点及面行店铺分布等因素息息相关。怀覃会馆位于驿后街东侧东巷圪洞内，这里是古泽州府最繁华的商贸区——南关商贸区。驿后街因明朝太行驿而得名，位于太行陉驿道中段，同时也是万里茶路泽州段的中心区域，交通非常便利。当时泽州府与河南北部彰德、卫辉、怀庆间的商业交往频繁，怀覃会馆周边正是河南客商的主要汇聚区。据花梁题记，怀覃会馆由南关面行创建，捐资创建会馆的各面行店铺主要分布在南关驿后街附近，这也是怀覃会馆选址于此的最直接因素。

怀覃会馆创建后经过嘉庆、光绪年间数次扩建、维修，至 1957 年规模已经非常宏大。1957 年 7 月前后，刘致平来到晋城考察怀覃会馆，并在《内蒙、山西等处古建筑调查纪略》一文中对怀覃会馆的建筑布局进行了简单描述。当时的怀覃会馆主要包括前、后两进院落，中轴线上分布有麒麟影壁、山门（戏楼）、拜殿、正殿，东西两侧分布有东西角门、东西戟门、八字影壁、钟楼、鼓楼、东西厢房、东西角殿以及小配房等建筑。此外，会馆主体建筑的西侧还建有西跨院、三官庙、东阁，南侧建有文昌阁。刘致平描述道：“会馆布置以三间为一组，钟、鼓楼夹在戏台两旁，屋顶彼此迭落，甚是华丽可观。此组建筑在会馆最前面，会馆院内很宽敞，正殿也很壮丽。在会馆门前不远处，于会馆中轴线上建文昌阁一座。阁前是一片平地，中有圆形大水池，气势非常宏丽可观。”

清至民国时期，怀覃会馆主要为同业行会会馆，先后由面行、油行、布行管理使用。1956 年，随着晋城县“公私合营”基本完成，同业行会消亡，怀覃会馆成为晋城县公共资产。此后，怀覃会馆相继被城关油漆社、晋城县电器厂、晋城标准件厂占用，其间前院及山门、钟楼、鼓楼等建筑被拆除改建，后院保存相对完整。2019 年 10 月 16 日，怀覃会馆被国务院公布为第八批全国重点文物保护单位。

二、建筑特点

怀覃会馆现仅存后院及西跨院局部，总占地面积约 2150 余平方米。后院保存完好的古建筑主要有正殿、拜殿、东西角殿（耳房）、东西配殿等。西跨院损毁严重，仅存西正殿及西耳房。

据第八批全国重点文物保护单位保护范围及建设控制地带划定公布文件，怀覃会馆的保护范围为“东以东耳房东山墙为界，向外延伸 10 米；南以东西厢房南山墙连线为界，向外延伸 1 米；北以正殿后檐墙为界，向外延伸 10 米；西至西正殿（即三官庙正殿）西山墙”；建设控制地带为“以保护范围为界，东、北同保护范围，南向外延伸 30 米，西向外延伸 37 米”。三官庙因与怀覃会馆连接紧密，残存建筑也在保护范围之内，主要为三官庙正殿和西耳房。

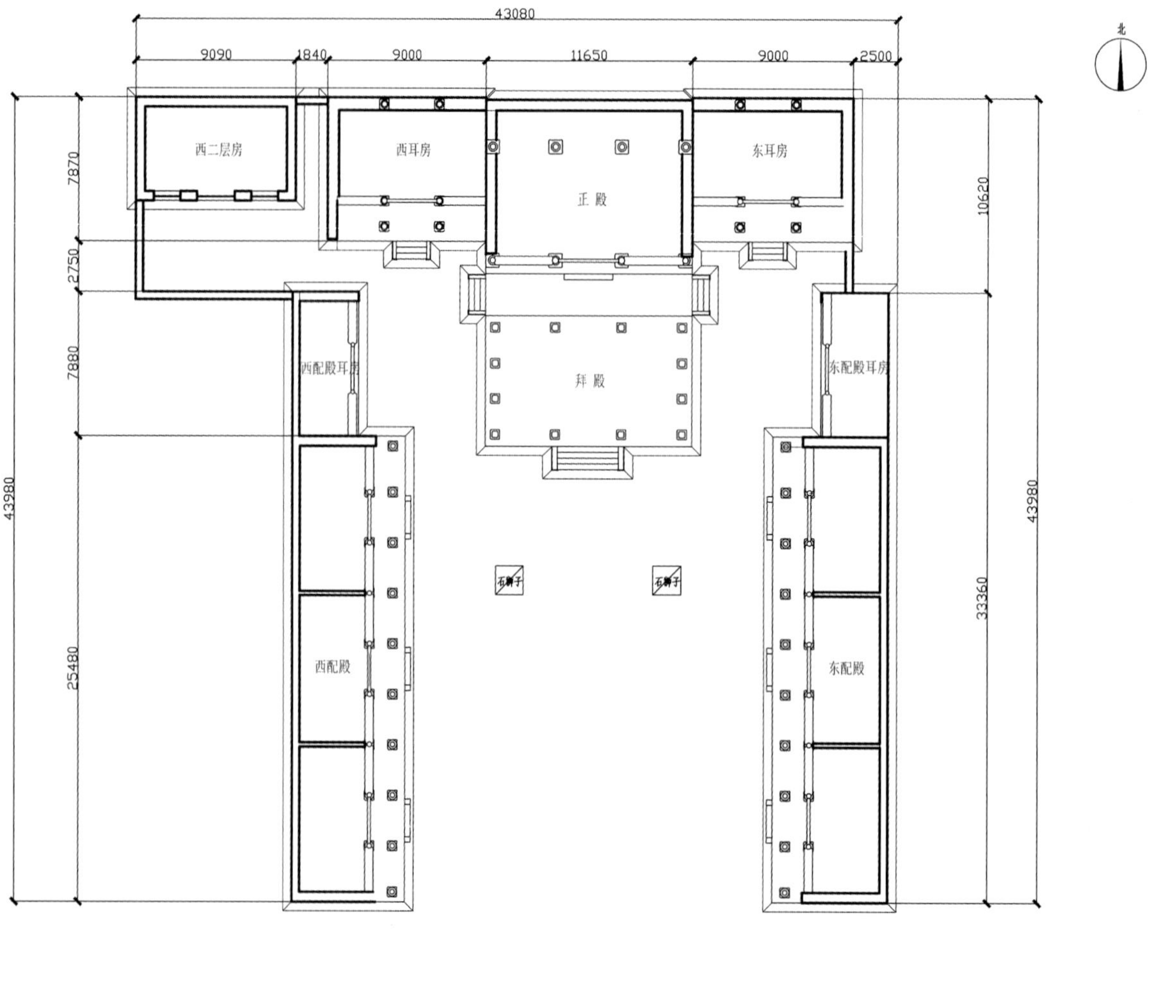

02 怀覃会馆后院平面图资料

（一）正殿

正殿又名关帝殿，位于怀覃会馆中轴线最北端，与东西殿相连，占地面积123.7平方米。该殿始建于清乾隆五十七年（1792），花梁题记“时大清乾隆五十七年岁次壬子七月廿八日卯时上梁，面行创建正殿三楹”。现存建筑为清代风格，悬山式屋顶，孔雀蓝琉璃剪边，面阔三间，进深六椽，抬梁式结构，前后通檐用两柱，七架梁、五架梁、平梁叠加，梁上金碧辉煌。七架梁上堆塑双龙戏珠和狮子，五架梁上为描金蝠云，平梁上为八边和四边几何图案内绘团花与卍字。七架和五架梁之间的蜀柱浮雕吕洞宾像。其余檩、枋皆施彩绘，东西山墙还彩绘有假的梁架。殿内三壁满绘壁画，面积约45平方米，内容为龙虎松柏和亭台楼阁。前檐檐柱为圆形木质，柱础为杌凳形组合式，上层为鼓形。柱头施大额枋，不用斗栱。檐檩直接放在七架梁的梁头上，补间用雕花荷叶墩。

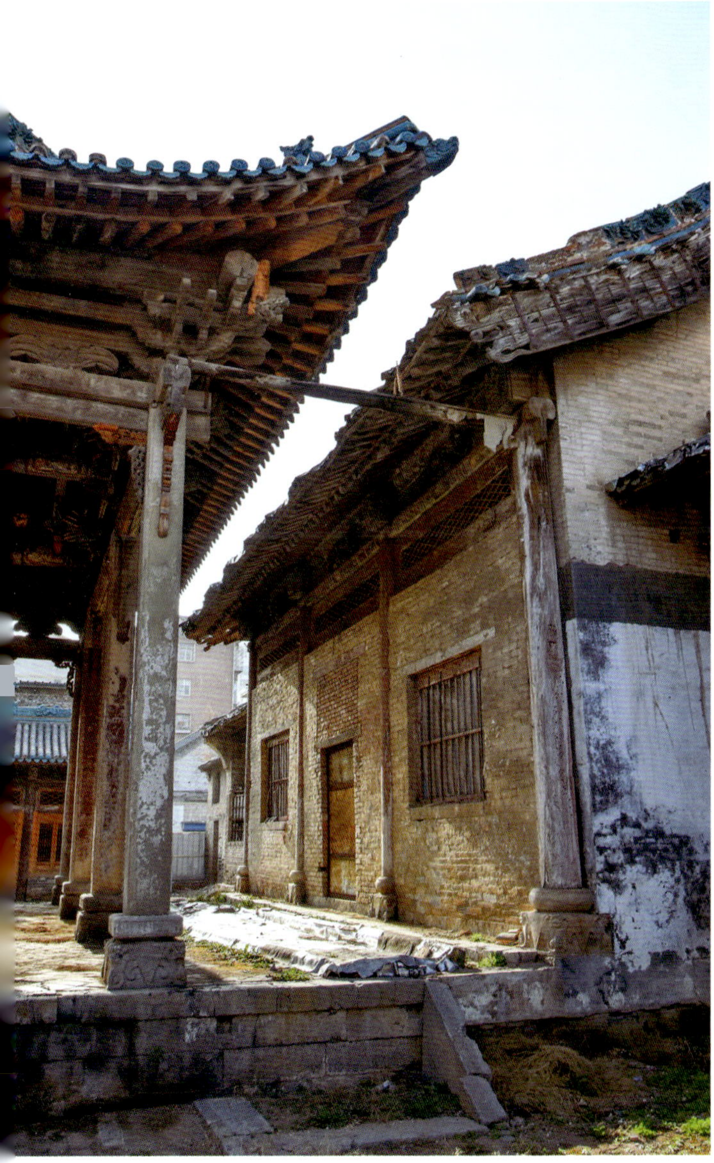

03 正殿

04 正殿梁架

05 正殿梁架

06 正殿梁架

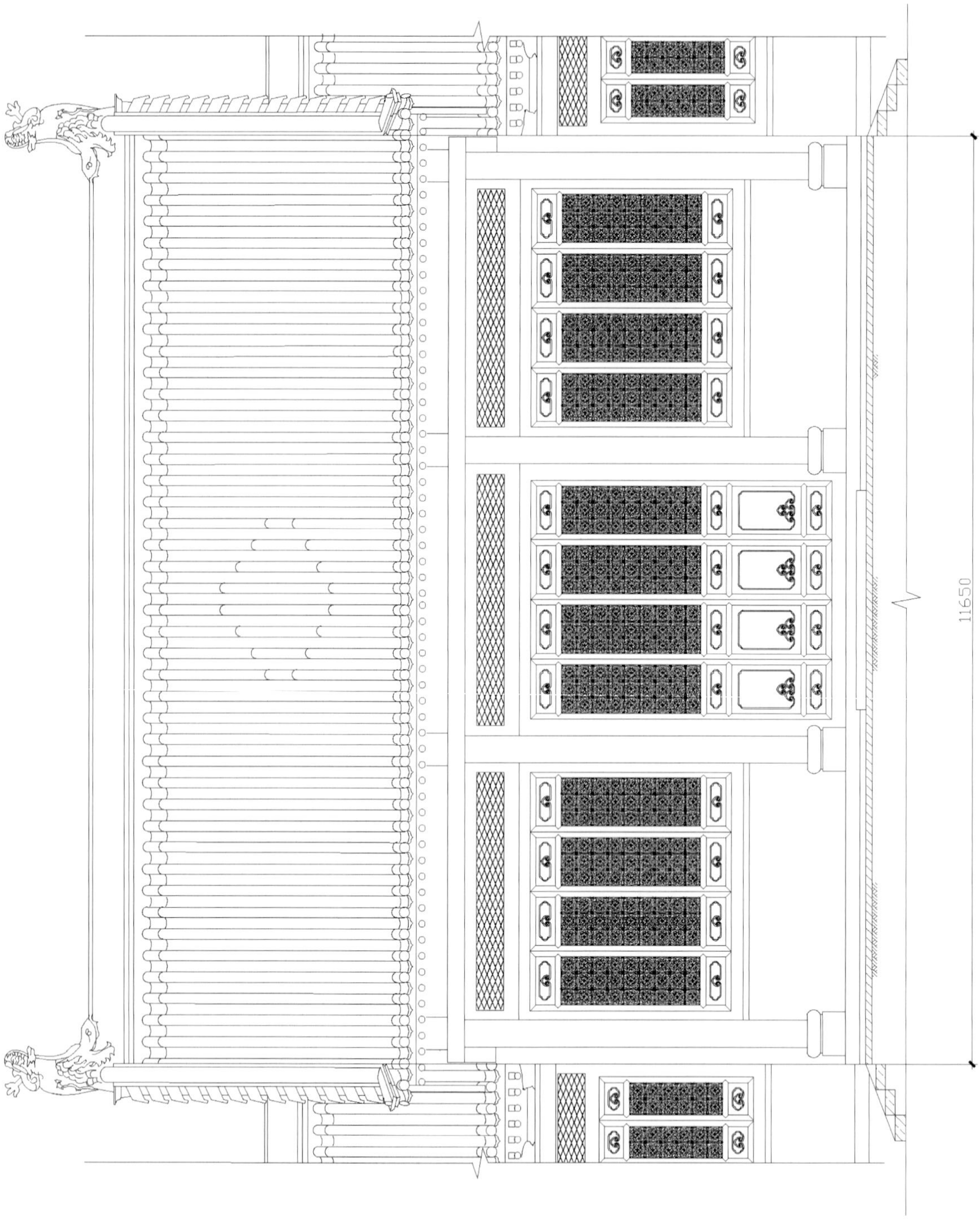

07 正殿立面图资料

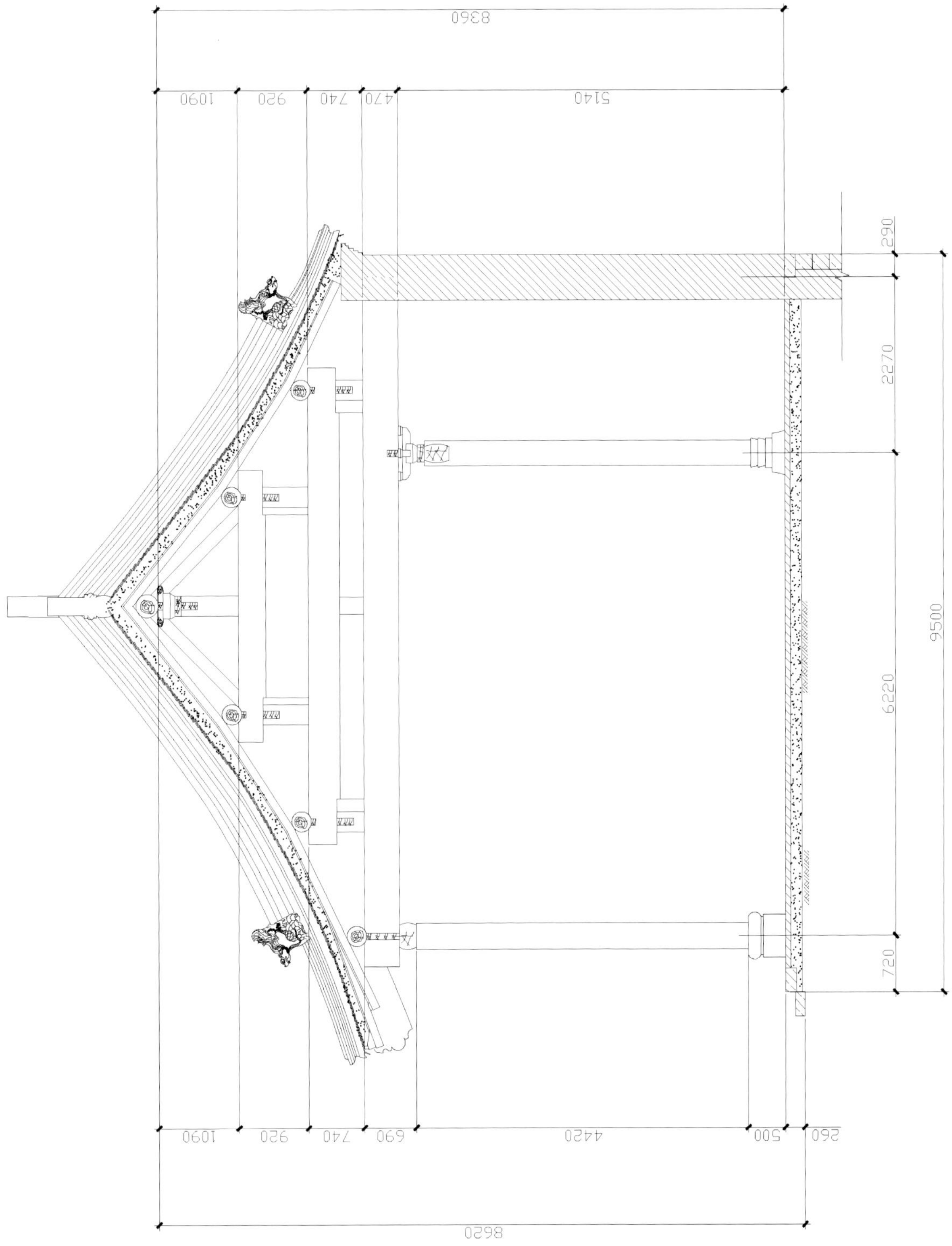
8360
1090
920
740
470
5140
290
2270
6220
720
9500
1090
920
740
690
4420
500
260
8620

08　正殿剖面图资料

（二）拜殿

拜殿位于正殿前方，与正殿相连，占地面积 109.86 平方米。该殿始建于清乾隆五十八年(1793)，花梁题记“时大清乾隆五十八年岁次癸丑八月初九日辰时上梁，面行创建拜殿三楹”。现存建筑为清代风格，单檐歇山顶，孔雀蓝琉璃筒瓦，面阔三间，进深六椽，抬梁式结构。同正殿一样，也是三层梁叠加。梁架彩绘与正殿基本相同，只不过经风吹日晒，颜色不再鲜亮，特别是四条金龙已变成白龙，更显苍古。整座建筑所用柱子全部为方形石质，柱础为杌凳形组合式。柱头用大额枋，五踩雕花斗栱，尤为特殊的是下翘为象鼻形昂头，上翘则直接翘起托举耍头，耍头为龙形，补间出 45 度斜栱。角科龙形耍头与角梁之间蹲坐一角神，其双肩高耸、双目圆睁、双手按膝，吃力地扛着高挑的翼角。山面用四柱，抹角梁上承大角梁，大角梁上施踩步金，踩步金与前后檐的下金檩对接，踩步金上置平梁。拜殿的做工十分讲究，斗栱雕琢精美，雀替精细，云龙花卉栩栩如生，所有构件都精美异常，堪称上品，从中可窥得当时河南商人的富有。献殿前有石狮子一对，高约 3 米，与冶底岱庙石狮子样式相似，很有气势。

09 拜殿

10 拜殿东侧立面

11 拜殿瓦顶

12　拜殿斗栱

13　拜殿转角斗栱

14　拜殿柱础

15　拜殿柱础

16　拜殿梁架

17　拜殿后檐斗栱

（三）东西角殿

东西角殿位于正殿东西两侧，与正殿相连，为对称建筑。东角殿梁架题记“时大清乾隆五十七年岁次壬子七月二十八日卯时上梁，创建东角殿三楹”。现存建筑为清代风格，面阔三间，进深六椽，前檐出廊，硬山顶，屋顶使用孔雀蓝琉璃剪边。

18 东角殿正立面

19 东角殿明间荷叶墩

20 东角殿东次间荷叶墩

21 东角殿梁架

22 东角殿前檐柱柱础

23 西角殿正立面

24 西角殿明间荷叶墩

25 西角殿西次间荷叶墩

26 西角殿东次间荷叶墩

27 西角殿金柱柱础

（四）东西厢房

东西厢房位于院落东西两侧，为对称建筑。现存建筑为清代风格，面阔九间，进深六椽，七檩前廊式，硬山顶。屋面通脊，下分三室，每室三间。廊庑两头各有三间无廊小屋。屋顶使用孔雀蓝琉璃脊饰，檐下斗栱五踩双翘，雀替、梁架雕刻精美。西厢房后檐墙镶嵌碑刻三方，分别刻《南关面行条规》《补修会馆碑记》《创修本庙置买物植碑记》。东厢房存碑刻一方，刻《泽州府南关面行会馆捐资碑记》。

28　东厢房侧立面

29 东厢房荷叶墩

30 东厢房荷叶墩

31 东厢房荷叶墩

32 东厢房荷叶墩

33 东厢房荷叶墩

34 东厢房荷叶墩

35 东厢房荷叶墩

36 东厢房荷叶墩

（五）三官庙

怀覃会馆西侧原三官庙院内保存有三官庙正殿及西厢房。

正殿占地面积 98.33 平方米。现存建筑为清代风格，面阔三间，进深六椽，前檐出廊，单檐悬山顶。

西厢房位于三官庙正殿西侧，与正殿相连，占地面积 50.12 平方米。现存建筑为清代风格，面阔三间，进深五椽，前檐出廊，单檐硬山顶。

37　东配殿耳房正立面

38　西配殿耳房门槛石

三、价值特色

怀覃会馆的价值与特色主要体现在以下三个方面。

第一，怀覃会馆是山西省国保单位中唯一的会馆建筑。

山西省现有国保单位531处，其中古建筑数量最多，共计421处，主要为佛寺宫观等，会馆类建筑仅此一处。据记载，怀覃会馆于清乾隆五十七年（1792）怀覃会馆由南关面行创建，总理人为万盛号王大法、增茂号程统业、万和号王之端。南关面行是清乾隆至嘉庆时期泽州府南关从事粮食买卖、加工的商号组成的同业行会，初期参会商号共11家，分别是万盛号、增茂号、万和号、全泰号、恒泰号、东成兴、南竞成、太和号、成兴号、恒泰号、如盛号。怀覃会馆现存清代《南关面行条规》碑刻，共列条款8项，内容涉及行会组织形式、“行费”收取原则、祭祀注意事项、“会产”管理等，另外对“赶庄买面”等损害行会利益的行为着重进行了规范。在南关面行衰落后，怀覃会馆先后由南关油行、河南布行接手，主要为河南的旅晋商人提供服务。

第二，怀覃会馆是万里茶道泽州段重要的历史遗迹。

在清代，走万里茶道的客商主要由碗子城入山西，沿太行陉古道北上，过拦车、天井关、茶元，至泽州城南关。怀覃会馆所处的南关区域是万里茶道泽州段最繁茂的商业区之一，包括黄华街、驿后街、横街、小东关、小西关等数条商贸街，分布有各类商号数百家。怀覃会馆周围毗邻栅栏口、水陆禅院、圪沉店和马王庙。栅栏口与北京城前门大街大栅栏相似，是泽州府的商贸繁荣区。每年农历四月二十日举行的水陆院庙会是泽州府规模最大的庙会，至今仍是晋城市重要的民俗活动。圪沉店周围分布有许多骡马店铺，是万里茶道上骡马帮歇脚住店的地方，也是南关著名的手工品交易市场。马王庙则是晋城地区著名的粮食集贸市场，当时日成交量在千石以上。怀覃会馆见证了万里茶道的繁荣与衰落。

第三，怀覃会馆以孔雀蓝琉璃闻名，彩绘、木雕装饰也极为精美。

孔雀蓝是琉璃瓦中比较少见的釉色，烧制工艺复杂。刘致平在《内蒙、山西等处古建筑调查纪略》中曾重点描述怀覃会馆的孔雀蓝琉璃瓦：“在建筑方面最令人注意的即是屋顶一律用翠蓝色的琉璃瓦，颜色蓝翠欲滴、娇艳之至。晋南阳城是我国烧琉璃最著名的地方，所以晋城能用此种好瓦。”

怀覃会馆的木雕主要集中在正殿和拜殿，其斗栱、雀替、挂落、荷叶墩、梁头板、花板、角神等无不精雕细刻，如拜殿木枋上镶嵌的三只木雕瑞兽形态活灵活现。正殿、角殿、拜殿、厢房等处的梁架遍施彩绘，现存彩绘面积大且非常精美，如正殿彩绘使用朱砂、石青、石绿、赭石等纯天然颜料，色泽自然温润，虽历经百年岁月仍鲜艳夺目。

39　拜殿东侧脊饰

40　拜殿西侧脊饰

41　正殿正脊东侧大吻

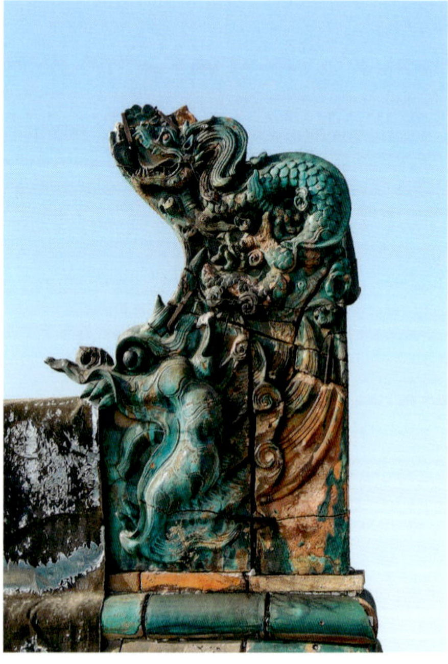

42　正殿正脊西侧大吻

43　正殿梁头封护木雕

44　正殿东次间木雕

45　正殿西次间木雕

46　正殿明间木雕

47　正殿梁架堆塑

48　正殿梁架堆塑

49　正殿东缝梁架上人物

50　正殿西缝梁架上人物

51 正殿后檐墙东次间壁画

52　正殿后檐墙西次间壁画

53　正殿后檐墙壁画

54　正殿东山墙壁画

55　正殿西山墙壁画

四、文献撷英

怀覃会馆现存花梁题记 3 处、碑刻 5 通（方），皆为清代文物。题记分别位于正殿、拜殿和东角殿，碑刻分别为清嘉庆七年（1802）刻《创修本庙置买物植碑记》和《南关面行条规》、嘉庆十二年（1807）刻《泽州府南关面行会馆捐资碑记》、光绪三十四年（1908）刻《补修会馆碑记》和《来紫》匾额。题记与碑刻记录了乾隆五十七年（1792）南关面行创建会馆、光绪三十四年（1908）南关油行补修会馆等信息，是研究怀覃会馆最重要的资料，也对研究清代万里茶道泽州段的商业业态有重要参考价值。

正殿花梁题记

时大清乾隆五十七年岁次壬子七月廿八日卯时上梁，面行创建正殿三楹。

总理人：万盛号王大法、增茂号程统业、万和号王之端

管理银钱人：刘中和、董茂盛

监工：全泰号王德温，东成兴王天昌，□□□王立禄，南竞成周百朋、王万顺，太和号李琯，成兴号王锡社，恒泰号王锡彤，如盛号张满笏

自建之后，祈阖行平安，永为记耳。

东角殿花梁题记

时大清乾隆五十七年岁次壬子七月二十八日卯时上梁，创建东角殿三楹。自建之后，祈保年谷顺成面行生意兴隆，永为记耳。

拜殿花梁题记

时大清乾隆五十八年岁次癸丑八月初九日辰时上梁，面行创建拜殿三楹。

总理人：河内县王大法、增茂号程统业、万和号王之端

管理银钱人：刘中和、董茂盛

监工人：全泰号王德温，东成兴王天昌，恒泰号王立禄，南竞成周百朋、王万顺，太和号李琯，成兴号王锡社，恒泰号王锡彤，如盛号张满笏

自建之后，祈阖行平安，永为记耳。

创修本庙置买物植碑记

买钱姓平地五亩，使钱二百三十两；

又买钱姓平地七分，使钱三十一千二百四十文。

此二宗地交马村里一甲正粮银五钱二分。

买砖瓦，使钱一千七百四十千零四十百文；

买木植，使钱三千二百九十千七百六十文；

买石头，使钱五百八十五千七百七十文；

买石狮二对，使钱四百二十千零四百文；

买琉璃瓦脊，使钱一千四百六十二千零四十文；

买铁器，使钱一百六十一千四百五十文；

买石灰，使钱一百三十千六百二十文；

买土坯，使钱十七千六百六十文；

买巴条，使钱十二千四十百二十文；

买麦糠头发，使钱六十二百五十文；

买缸坛，使钱十二千零二十四文；

买铜器，使钱一百二十五千文；

买烟煤，使钱七千四百四十文；

漆匠画匠，使钱一千九百二十千八百九十文；

木匠，使钱二千二百二十九千零九十六文；

石匠，使钱一千二百一十九千七百五十文；

小工、长工，使钱千百五十四千八百文；

前后大修杂费使钱九百九十二千七百七十文；

买木器，使钱一百九十七千四百二十文；

铸钟张大鼓，使钱一百二十五千文；

锡器、瓷器一切物件，使钱一百九十一千一百二十文。

以上通共使钱一万五千八百七十三千六百二十文。

南关面行条规

南关面行条规开列于后：

一　派定，执事行头四家一班，挨次轮转，周而复始。凡遇有公事之日，务要认真办理，勿得临期推诿。

一　议定，凡有大小行事以及领取麸价，执事行首务要协同办理，勿得互相推诿。

一　议定，凡有外来字号赶庄卖面，每于素所相好铺内寄卖货物，希图一时之利，徒省行费，此不便于行中者。今公同酌议，嗣后如有赶庄卖面者，每百斤抽取银一钱。如在其字号隐匿不言者，行中察出真确，罚本号银十两入行公用。

一　议定，凡有一应行费等项，俱照旧规办理，勿得额外增添，如违议罚。

一　议定，每逢会馆诸神圣诞日期，凡我在行会友，务要衣冠整齐，早至殿下拜献，违者从重议罚。

一　议定，凡有一应家具物件，不许私自借出，违者议罚。

一　本会家具另书木牌，件件清记，执事会首轮流收转。

一　议定，每年执事会首办理一年为则，每年十月演戏已毕，换班请下年会首交接。

高平县：东盛号、天成号、东兴号、中和号、东新盛、振泰号，施锡供器一副、香资银二十二两八钱。开光用完。

小东关关帝会，外施香案一副、细幔三个、棹裙十条、椅褥十二条、彩细十八匹、羊角灯一对，入会馆公用。

大清嘉庆七年岁次壬戌四月二十一日穀旦

合行公立

泽州府南关面行会馆捐资碑记

泽郡为往来辐辏之区，南河南北太原，商贾集于此，而南关为尤甚。以故面、店二行，更为泽郡会集之商，昔因生意茂盛，旧尝修会馆一区。创建未久，遂有风雨剥蚀之虞，若不乘时补葺，必致倾颓。既非所以妥神，亦失当年会修意也。兹我同行先后开张不一，然既会聚于此，亦不能坐视旁观。有拜殿周围，旧修阁漏以……之处，今皆破坏，爰当修补。昔人既创之于前，已见功德；今人当继之于后，广布善愿。酌立规条，每店捐资以为土木之费，除修补外，余金若干为住持养赡计。庶拜谢有资而看守庙宇亦不致无人也。是为志。

计开：

双泰号 施钱三十千元，田德盛 施钱二十千元，

义丰号 施钱二十千元，聚昇号 施钱二十千元，

东信号 施钱十五千元，同兴号 施钱十五千元，

万聚兴 施钱十千元，义和号 施钱十千元，

杨合盛 施钱十千元，天顺号 施钱十千元，

兴盛号 施钱十千元，同盛号 施钱十千元，

贺义号 施钱十千元，天顺号 施钱十千元，

张中和 施钱十千元，大兴号 施钱十千元，

全泰成 施钱十千元，东义盛 施钱五千元，

东廷顺 施钱五千元，马王会（丹东） 施钱三千九百元，

大成任 施钱三十千元、十二千八百七十九元，

公复盛 施钱二十千元，德兴号 施钱二十千元，

东盛号 施钱二十千元，西信盛 施钱五十千元，

刘复兴 施钱十千元，广兴号 施钱十千元，

成泰合 施钱十千元，成泰恒 施钱十千元，

广盛号 施钱十千元，三泰合 施钱十千元，

大诚号 施钱十千元，魁盛号 施钱十千元，

三泰号 施钱十千元，德玉号 施钱十千元，

益元号 施钱十千元，永春号 施钱十千元，

恒盛号 施钱五千元。

以上共捐钱五百三十一千八百七十九元。

修阁楼使钱七十七千一百四十八元。

买钱姓上辇村桑园平地十六亩三分计三段，每年交粮系马村里一甲；

买苗姓阎家社西岭平地二十三亩五分计一段，每年交粮系进士坊六甲二门；

买王姓上辇村西岭平地五亩四分六厘计一段，每年交粮系迎上厢上三甲三门。

买地三宗共使银五百一十两三钱，扣八钱四百八千二百四十元。

税契勒石等项共使钱五千一百三十二元。

以上共使钱五百三十九千五百二十元。

除使净少钱七千七百四十一元，系本年十月初十会中佃出。

时大清嘉庆十二年岁次丁卯小阳月朔二日穀旦

维首：杜瑞隆、玉成号、大生诚、新泰成、许利盛、大诚号、同昇号、永春号勒石

补修会馆碑记

尝闻莫为之前虽美弗彰，莫为之后虽盛弗传。凤邑南关旧有面行会馆，创修于乾隆五十七年。工程告竣，立有碑记，屡次修补报答神庥。嗣后面行停歇，凡会馆中诸神圣诞、春秋祭祀，尽归油行照应，匆如年远日久雨洒风吹，难保无倾圮之虞。偶当拜扬，众油行目击心感，恐殿宇剥落难以永妥神灵。因邀同维首全盛泰等共同酌议，按以油行起资，每百斤油抽钱二十文，积少成多，用资补修。自光绪丙午年八月动工，至戊申年六月完工，二年之久。共费钱二百余串。维首全盛泰等日夜辛勤，始终不怠。除外镇少有捐募。本关油房皆以斤两摊派。虽工程不大，而有始有终，实属人所难能也。众油行欲勒贞珉，问序于余，余虽不才，非敢以言文也。因与维首全盛泰等为友，尽知辛勤，聊以记其事之颠末云尔。

本郡优廪生成于乐撰

怀庆府监生田凤翙书

谨将捐募字号姓氏列于后：

覃怀顺兴恒施银七两，高邑聚锦炉施银五两，

周村聚兴同施银五两，周村中兴和施银四两，

本关明升恒施银三两，东沟裕兴泰施银三两，

东沟玉合同施银三两，南村益泰仁施银三两，

覃怀孙泽均施银二两，覃怀田凤翙施银一两。

以上十家捐银三十六两成钱四十四串六百文。

全盛泰捐钱四十二千文，

德升恒捐钱二十千文，

顺兴泰捐钱二十千文，

吉星明捐钱二十一千文，

泰兴永捐钱二十九千文，

福泉号捐钱十六千文，

玉合号捐钱十七千文，

震盛恒捐钱十六千文，

玉源永捐钱二十千文，
协泰成捐钱八十千文，
以上十家捐钱二百零九千文。
付木匠：使一百五十五文；
付漆匠：使十千文；
付石匠：使四千文；
付杂项：使用八十四千六百文。
以上四宗共使二百五十三千六百文。
维首：玉合号、顺兴泰、全盛泰、泰兴永、玉源永、震盛恒、福泉号、德升恒、吉星明、协泰成
总理：常振明、王凤川、田凤翙、王国安、杨占魁、靳聚银、黄清槐、郜凤至、常盛潮、张葆臻
玉工：王中山
大清光绪三十四年十月穀旦　勒石

来紫匾额

乾隆甲寅四月
来紫
抽斋李清泰题

参考文献

【专著】

[1] 张广善：《晋城古代建筑》，文物出版社，2011 年。

[2] 古代建筑修整所：《晋东南潞安、平顺、高平和晋城四县的古建筑》，《文物参考资料》1958 年第 3、4 期。

[3] 樊秋宝：《泽州碑刻大全》，中华书局，2013 年。

[4] 杨晓波、李永红《三晋石刻大全・晋城市城区卷》，三晋出版社，2012 年。

[5] 张贻琯修：《凤台县续志》，清光绪刻本。

[6] 晋城县志编纂委员会：《晋城县志》，山西古籍出版社，1999 年。

[7] 柴泽俊：《山西古代彩塑》，文物出版社，2008 年。

[8] 刘秋海：《晋城市城区工商史话》，政协晋城市城区文史资料委员会，2012 年。

[9] 晋昕：《晋城市城区回族史略》，政协晋城市城区文史资料委员会，2018 年。

[10] 樊秋宝：《泽州百年》，中华书局，2016 年。

[11] 郭沫柱：《晋城老城关纪事》，晋城老城关联谊会，2010 年。

[12] 曾晨宇：《凝固的艺术魂魄・晋东南地区早期古建筑考察》，学苑出版社，2006 年。

[13] 山西省古建筑与彩塑壁画保护研究院：《山西古建筑保护研究 70 年》，科学出版社，2002 年。

[14] 陈悦新：《5—8 世纪汉地佛像着衣法式》，社会科学文献出版社，2014 年。

[15] 殷理田：《府城玉皇庙》，山西人民出版社，2006 年。

[16] 张明远：《山西古代寺观彩塑・辽金彩塑》，山西人民出版社，2019 年。

[17] 张蓓蓓：《彬彬衣风馨千秋——宋代汉族服饰研究》，北京大学出版社，2015 年。

[18] 杨伯达：《中国美术全集・雕塑编 6（元明清雕塑）》，人民美术出版社，1988 年。

[19] 黄能馥、陈娟娟：《中国服饰史》，上海人民出版社，2004 年。

[20] 周锡保：《中国古代服饰史》，中央编译出版社，2011 年。

[21] 顾小思、杜田：《华夏衣橱・图解中国传统服饰》，电子工业出版社，2022 年。

[22] 赵学梅：《唐风宋雨——山西晋城国宝青莲寺、玉皇庙彩塑赏析》，商务印书馆，2011 年。

【论文】

[1] 袁琦：《晋东南宋、金佛教寺院与社会关系研究》，北京大学硕士学位论文，2020 年。

[2] 廖林灵：《山西晋城古青莲寺释迦殿双面编壁背光保护修复方案》，西北大学硕士学位论文，2014 年。

[3] 成世卿：《山西府城玉皇庙调查与研究》，西北师范大学硕士学位论文，2019 年。

[4] 杨旭：《晋城玉皇庙琉璃装饰艺术研究》，安徽财经大学硕士学位论文，2020 年。

[5] 陈永花：《晋城玉皇庙二十八星宿造像在潮牌服饰中的设计研究》，武汉纺织大学硕士学位论文，2021 年。

[6] 唐珂：《元代杂剧艺术对元代道教雕塑造型之影响——兼论晋城玉皇庙元代二十八星宿雕像之特征》，景德镇陶瓷学院硕士学位论文，2007 年。

[7] 段菲菲：《晋城玉皇庙艺术与科技的关系探讨》，山西大学硕士学位论文，2009 年。

[8] 李毅：《晋城地区玉皇庙建筑特征研究》，西安建筑科技大学硕士学位论文，2015 年。

[9] 马智伟：《晋城玉皇庙二十八星宿动物雕塑造型研究》，山西大学硕士学位论文，2016 年。

[10] 张有魁：《论晋城玉皇庙二十八宿彩塑衣纹特点及运用——以我的毕业创作为例》，云南艺术学院硕士学位论文，2016 年。

[11] 张飞丽：《晋城玉皇庙二十八宿彩塑艺术研究》，内蒙古大学硕士学位论文，2018 年。

[12] 吕晓庄、刘宝兰、郭新民：《晋城玉皇庙碑刻初探》，山西省考古学会编《山西省考古学会论文集》，山西古籍出版社，2000 年。

[13] 赵晓玲、冯小刚、赵晓联：《山西晋城玉皇庙二十八宿的服饰文化研究》，《科技信息（学术研究）》2006 年第 1 期。

[14] 魏小杰：《山西晋城玉皇庙二十八宿彩塑艺术特色及其保护》，《郑州大学学报(哲学社会科学版)》2008年第3期。
[15] 于晋红、岳海民：《晋城玉皇庙星象塑像艺术赏析》，《文物世界》2010年第2期。
[16] 姚春敏：《区域社会史视野下的迎神赛社——以清代上党碑刻与民间文本为中心》，《中华戏曲》2013年第1期。
[17] 赵琦：《浅谈晋城市府城玉皇庙建筑格局的历史发展》，《太原城市职业技术学院学报》2013年第5期。
[18] 张瑞：《晋城府城玉皇庙二十八星宿彩塑赏析》，《山西档案》2013年第6期。
[19] 燕飞：《府城玉皇庙碑所记宋代求雨仪式“信马”初探》，《文物世界》2014年第4期。
[20] 刘佳：《论山西晋城玉皇庙二十八宿塑像的形象特征》，《古代美术》2019年第3期。
[21] 陈永花、倪楚雄、刘勇：《晋城玉皇庙二十八星宿造像中的服饰研究》，《纺织报告》2020年第1期。
[22] 陈妮娜：《论晋城市府城玉皇庙二十八宿彩塑的造像特征》，《晋城职业技术学院学报》2021年第4期。
[23] 陈鹏、蔺智欣：《基于晋城玉皇庙二十八宿彩塑的角色造型设计研究》，《关注思考》2021年第1期。
[24] 荆小斌：《“覃怀”地名及区域演变考》，《焦作师范高等专科学校学报》2021年第1期。
[25] 肖迎九：《晋城青莲寺保护规划编制理念与方法初探》，《山西建筑》2011年第26期。